朝日新書
Asahi Shinsho 816

戦国の村を行く

藤木久志

解説・校訂　清水克行

JN019386

朝日新聞出版

戦国の村を行く　目次

地図製作　鳥元真生

はしがき――「村の城」によせて

「自力の村」の発見

戦国の世には村も城をもっていた。しだいに明らかになってきた、この「村の城」の存在という意外な事実は、いま私たちに何を語ろうとしているのでしょうか。ここ十年ほどずっと私は、戦国史の研究の重点を、かつての「領主・農民関係」論から、新たに「自力の村」論へ移して、村論や村からみた領主論に熱中しています。いま「村の城」論に強い興味を寄せているのも、その一環です。

こうした新しい関心の裏には、いままでの「領主・農民関係」論が一面的に過ぎたことへの反省があります。中世の「領主・農民関係」の研究といえば、長く学界の主題でしたし、私ももっぱらそこに関心をよせてきました。しかし一九七〇年代までの私自身の研究の軌跡を省みますと、農民論はたしかにあるものの、「村から領主をみる」という視点が、ほとんど自覚されていないのです。[1]

これまで私たちは、「領主・農民関係」を問題にする時、領主の方は、領主制と呼んで、まとまった組織体つまり「領主の体制」としてとらえるのが普通でした。ところがその対極にある「農民」の方は、つい村の中の農民一人ひとりに深く立ち入ってばらばらに分解し、個々の農民の経営のあり方や、階層構成や内部矛盾などばかり追究し、結果として、強固な領主制とは比べものにならない農民層の弱さや無力ぶりばかりを、否定的に論じがちだったように思います。

その結果、私などは、農民たちが自分たちの生命維持《サヴァイヴァル》の装置として集団を作り、それに拠って領主とも対峙していたはずの「村」を、「農民の体制」として積極的に追究する視点を、いつしか見うしなっていました。

そのことに私が気づいて、まとまった私見を述べたのは、一九八五年春のことでした。この私自身の村論[2]や、同じ年の夏に出た勝俣鎮夫さんの新しい村落論[3]が大きな転機になりました。そこで私は、はじめて村を対象にした本を書き[4]、それ以来、村論に没頭して今日にいたっています。[5]

ところが、いま私の村論に対して、村の内部矛盾を無視している、という批判がよせられています。かつては私自身が村の内部矛盾ばかり追究していただけに[6]、少し複雑な心境です。しかし、「自力の村」を明らかにする作業はまだまだ未熟です。ことに村を生命維持の装置、つまり生き延びるための仕組みとして分析することは、まだまだ不十分で、私もまだその作業に手をつけはじめたばかりです。[7] ですから私は、まだ階層構成論や内部矛盾論に安易に後戻りすべきではない、と強く自戒しているところです。

戦争論が見おとしていたもの

もう一つの反省は、長く戦国社会を対象にしながら、時代を覆う戦争や飢饉の本質を追究してこなかったことです。二十世紀の後半につづいた平和と飽食の現実、進歩や発展への信仰の中で、私は戦争と飢餓のつづく中世社会までも、穏やかな時代だったと思いこんできました。

そして私たちは、戦国時代という「戦争の時代」までも、いつの間にか「合戦の時代」と読み替え、大名の軍事や戦術ばかり論じてきたように思います。たしかに城や合戦の追究には大きな成果をあげてきました。ただ、戦国の世の人々にとって、戦争とは何であったのかを、まして、あいつぐ飢饉と戦争の深いつながりを正面切って論じることは、ほとんどなかったように思います。

以下、こうした反省をふまえながら、まず「戦争の惨禍」に目を向け、ついで「村の城」の実像をたしかめたいと思います。

戦場は乱取りに満ちていた

戦場の村の惨禍といえば、攻め寄せる戦国大名の軍勢によって、城下の放火や田畠の作荒らしが、盛んに繰り広げられたことはよく知られています。しかし私たちはこれを、当時の用語通りに、「焼き働き」「刈り働き」と呼んで、大名の戦術論に矮小化するだけで、戦争の中の放火・苅田《かりた》の実態とその意味を追究せず、まして戦場で大々的に行われた「人間の略奪」には、目も向けてこなかったのです。

長く戦国末の九州や畿内の戦場にいたポルトガル人宣教師ルイス・フロイスは「日本での戦さは、ほとんどいつも、小麦や米や大麦を奪うためのものである」と、戦場の田畠での作荒らしの食うための戦争という本質を、じつに鋭く示唆していました（『日本覚書』）。

また「薩摩軍が豊後で捕虜にした人々は、肥後の国に連行されて、売却された」と、戦場での人の略奪のすさまじさと、奪われ売られた人々が、ポルトガル船を通じて東南アジアにまで流出していた事実を、ほのめかしてもいました。

人の略奪といえば、のちに詳しく取り上げる戦国はじめの和泉国日根荘《いずみのくにひねのしょう》の人々の生活ぶりを記した九条政基《くじょうまさもと》の日記『旅引付《たびひきつけ》』にも、じつにさまざまな人取り（生捕り）の習俗が、克明に描かれています。それらは、①紛争処理のための質取り、②身代金目当ての人取り、③戦場での人取り、という三つに分けられます。いま私が注目したいのは、②や③の人取り習俗のことです。

戦国の甲斐《かい》（山梨県）の『妙法寺記《みょうほうじき》』（『勝山記《かつやまき》』）にも、「足弱《あしよわ》（老人や女性や子どもたち）を百人ばかり御取り候」とか、「男女生取り数を知らず」というような、武田信玄の軍が戦場で繰り広げた大がかりな人取りの事実が、数多く記録されています。

男女生取り成され候て、ことごとく甲州へ引越し申し候。さるほどに、二貫、三貫、五貫、十貫にても、身類（親類）ある人は承《う》け（買い戻し）申し候。

という記事をみれば、東国の戦場でも西国の日根荘と同じような、身代金目当ての人の略奪が行われていたのは疑いありません。また、その武田氏の戦場の激しい略奪ぶりを克明に描く『甲陽軍鑑《こうようぐんかん》』には「越後の者を乱取りつかまつり、此方へ召し遣う」とあり、略奪した人々を兵士たちが自分の下人（従者）にする場合もあったことがうかがわれます。

さらにほぼ同じ時期に常陸《ひたち》（茨城県）の寺で書かれた年代記『別本和光院和漢合運《べっぽんわこういんわかんごううん》』は、

小田開城、景虎《かげとら》より、御意《ぎょい》をもって、春中《はるじゅう》、人を売買事《うりかう》、二十銭、三十二（銭）程致し候。

と報じています。関東に侵攻した上杉謙信（長尾景虎）が常陸の小田城を攻め落とすと、その城下で人の売買を行っていた、というのです。

この人の売り買いは、身代金との引き替えをいうのか、人買い商人との取引をいうのか、定かではありません。しかし、敵方の城を制圧した大名が自ら差配して、落城後の城下で人の略奪と売買を行っていたのは事実でしょう。さらに、戦国の戦場には、一般の雑兵たちのほかに、濫妨《らんぼう》衆・濫妨人・狼藉《ろうぜき》人などと呼ばれる、ゲリラ戦や略奪・売買のプロたちが、作戦要員として、数多く大名軍に雇われ、戦場を闊歩していた形跡も濃厚です。

戦国末の九州に介入した秀吉は、戦場で行われた「乱妨取りの男女」の人返し《ひとかえ》（返還・解放）と合わせて、「人の売買一切相止むべく候」と指令し、それにつぐ東国の戦場でも、人の略奪を禁じるとともに「人を売り買う儀、一切これを停止《ちょうじ》すべし」と、繰り返し命じていました。バテレン追放令第十条（日本の内外での人身売買の禁令）の背景にも、戦場で略奪された人々の多くが、ポルトガル船に売られ東南アジアに連れ出されていた事実があったことは確実です。

こうしたことからみて、戦争の惨禍の焦点は、明らかに身に迫る奴隷狩りにあったのです。村の人々や領主は、それにどう対処したのか。

平和を守るのは村の実力

戦場の村が戦禍を避けようとして、敵軍に多くの米や銭を支払って「濫妨狼藉停止」の禁制《きんぜい》や制札《せいさつ》を買い取ったり、国境の村々が、現地で敵対を続ける双方の軍に、年貢を半分ずつ払って両属（半手《はんて》・半納《はんのう》）の関係を取り結んだ、という事実が明らかになっています。つまり戦場の村は、自らの主体的な情勢判断にもとづき、自力で敵軍と生命保険や損害保険の契約を結んで、「村の平和」を買い取っていた、というのです。

ただし、中世の契約というのは、近代のそれとは違って、自力次第・手柄次第が建前で、禁制によって約束された平和を守れるか否かは、まさしく当事者の実力次第だ、というのが原則でした。

たとえば、北条氏が駿河《するが》の村々に与えた「濫妨狼藉」禁制に、こう付記されたのがそれです。

①もし当郷の者、手柄に及ばざれば、旗本へ来たりて申上ぐべし。
②見逢《みあ》いに搦《から》め取り、申し上ぐべし。

もし軍兵《ぐんぴょう》が平和の保障を無視して濫妨をはたらけば、ただちに村の自力で逮捕し、大名のもとへ連行せよ、というのです。大名が禁制で保障した村の平和とは、ほんらい当事者の村が自力＝手柄（濫妨狼藉の実力による排除）によって実現すべきものでした。どうしても村の手に余る時には、大名に訴え出る途《みち》も開かれていました。

大名の発行した禁制の効力というのは、それを手にした村がその大名から「味方の地」として認定され（もし制札なしに山の城に避難すれば、敵対とみなされ激しい追及にさらされました）、禁制に背く濫妨狼藉に公然と実力で防御・抵抗しても、敵対とはみなされなかった点にある、と考えられます。

したがって、たとえ敵軍に大金を払って禁制による保障（村の平和）を獲得しても、村は実力で防御する態勢を解除することなど、まったくありえなかったのです。この点は「村の城」を考えるうえでとくに重要な前提になります。

村の城・領主の城――山籠りと城籠り

村が戦場になると、戦争の惨禍を避け生命や財産を守るために、村人が事前に多彩な避難行動を取ったことも、いまではよく知られています。たとえば、財産を守るために、あらかじめ分散してよそに預ける、隠《かくしもの》物とか預《あずけもの》物と呼ばれた中世の習俗などは、そのよい例です。

しかし、戦争の惨禍の焦点が、家財などの略奪よりは、人を奪う奴隷狩りの方にあったとしますと、村人の避難行動の重点もまた、なによりも生命をどうやって守るかにあった、とみなければなりません。その一つの典型は、よく軍記などにみえる、「近郷の住民はことごとく城に入り、遠くの人々は山入りした」という類の記述です。このような趣旨の描写は、他にも少なくありません。

つまり、襲いかかる戦禍を避けるために、①領主の城の近くの村々は城に籠り、②遠くの村々は山籠りした、というのです。村々の避難行動には、二つのタイプがあった、という事実を広く想定することが許されるでしょう。

②の「村の山に籠る」というタイプは、和泉国日根荘でも、じつに多くの「山上がり」の例が記録されています。またよそでも「地下人《じげにん》（村人）ことごとく邪儀《じゃぎ》（反抗）を仕《つかまつ》り、山小屋へ入る」とか、「百姓等ことごとく甲山《かぶとやま》へ小屋上《あが》りする、というような記述が目につきます。

これらの記述にみられるように、村人の「山籠り」は、「小屋上り」ともいわれて、あらかじめ用意された「村の山小屋へ籠る」ことでした。また、戦後の村々に出された還住《げんじゅう》令（戦場の村からよそへ避難した人々が村に帰ることを認める措置）は、しばしば村人に山小屋からの帰村を促しています。この山小屋こそ、村人たちの籠る自前の城、つまり「村の城」の一つの典型であった、と私は考えています。ほかにも、村人が村境に幅が七、八間（十四メートル前後）もある大きな堀を掘って大名軍に抵抗した、という証言もあるほどです。さらに、堀に囲まれた村の存在も、よく知られるようになっています。[8] これなどは、村そのものが城の構えを取っていた例も少なくなかった、という事実を示唆します。

ただ山小屋としての「村の城」についてたしかな遺跡を実地に検証するのは、かなり困難な仕事になりそうです。

戦国の日本にいた宣教師のジョアン・ロドリゲスは「（戦乱になると）民衆は、山中の森林や頂上、または叢林に住み、それらの家屋はいずれも、通常、茅《かや》や乾草《ほしくさ》でできていた」といい、村人の籠った山小屋の施設が、じつに簡素なものだった、と書いています。ですから、そうした山小屋の遺構が、今日までしっかりと残ることは難しいでしょう。戦場の村の山籠り・小屋籠りの遺構を考古学の手法で具体的に検証し、たしかな遺構を持つ領主の城と対比できるような形で明らかにする仕事には、大きな工夫とねばり強い作業が求められるでしょう。

ただ、たしかな城郭の遺構を伴わないからといって、「山籠り・小屋籠り」の史実や「村の城」の存在を否定する理由にはならないはずです。なぜなら、文献のうえで「村要害（村の城）」とか「百姓ら要害をかたく構え」「一味同心《いちみどうしん》（一致団結）して要害をこしらえ」というような、「村の城」の存在を示唆する記録はけっして少なくなく、大名の城のように目立つ遺構はなくとも、地域の伝承に戦国の「城《じょう》」といい伝えられている例は、かなり多いからです。

一方、領主の城・領域の城や地域の大寺社が、戦時には村や町の人々の避難所になった事例は、村の城・村の山小屋の例証よりも、はるかに多く検出されます。島津軍の攻撃を控えた肥後の山鹿《やまが》城領（熊本県山鹿市）の人々は、「三里（当時の一里は約六百五十メートル）四方のことは、あがり城仕《つかまつ》り、女《め》童《わらわ》（女性や子どもたち）取り乱し罷《まか》り居《お》る」という行動を取ったといいます。

また「城に避難して来た人々は、枝葉や藁や竹、その他のきわめて貧弱な木材で、自分たちの小屋を作った」とか、「町屋作りに（まるで町場に店が並んでひしめくように）小屋を懸けた」という、先のロドリゲスと同じような、具体的な証言も少なくないのです。また落城の光景を伝えて「城内には、戦闘員のほかに、無数の百姓の男女がいた」と報じた書状も、各地で知られています。

このような事実をふまえたうえで、①領主の城では、主郭以外の多くの曲輪《くるわ》（城の区画）が、地域の避難所として開かれた空間であり、②領主はイザという時、領域の人々を庇護する危機管理の責務を負わされていたこと、③庇護の対価として、領域の村や町が城の維持管理に日常的な寄与を期待されていた（城に避難する権利を与えられる代わり、城を修築する義務を負う）こと、などを指摘しておきたいと思います。

なおこうした城の避難所としての性格は、西欧の中世の城にも共通していたようです。野崎直治氏は『ヨーロッパ中世の城』[9]でこう述べています。「民衆城塞または避難のための城塞は、少なくともヨーロッパ中世に普及した城塞の原像とみることができるだろう」。この指摘などは、日本中世に城の果たした役割を考えるうえでも、まことに示唆的です。

日本の戦国の村は、奴隷狩りを焦点とする戦場の惨禍に、「村の城」を拠点として、多彩な英知をもって立ち向かいました。もともと中世の社会は、武装権や築城権が、領主だけでなく、村や町を含む諸集団にも、広く分有された「自力社会」だったのです。やがて中世の終わりに、「秀吉の平和」の下で、刀狩り（武装権の規制）・城破《しろわ》り（築城権の規制）が、連動して打ち出された理由も、そこにあったと私はみています。

本書のねらいと構成

もともと中世の城は、決して大名たちだけのものだったわけではなく、中世の社会では村もまたたしかに自前の城をもっていたのです。長いこと戦国の民衆を戦争のみじめな被害者とばかりみて、ひたすら同情をよせてきた私にとって、この「村の城」の発見は、戦国の世に対する見方をすっかり変えてしまうほど、大きな収穫でした。「村の城」の存在は私たちに、中世の村の力量や主体性をもっと重視する必要がある、と告げているのです。本書にとくに「戦国の村を行く」というタイトルを掲げたのも、ひたすら村の現場に入りこんで、村人たちの目で、戦国時代を生き生きと魅力的にとらえてみよう、という意図からです。

こうした願いをもとに、本書には、もともと『週刊朝日百科「日本の歴史」』シリーズによせた四編を中心に、中世遺跡の保存運動の中で行った市民向けの二つの講演と、新しい書き下ろしの一編を収めてみました。どの編にも、あらためて手を入れ直したうえで、Ⅰ「村の戦争」、Ⅱ「村の平和」、Ⅲ「中世都市鎌倉」、という三部に分けてまとめました。ここにそのあらましをご紹介しておきましょう。

Ⅰ「村の戦争」では、戦国とまでいわれた戦争の時代に、あいつぐ戦乱を村人たちはどうやって生き抜いていたのか、その活力に満ちた生き方のありのままを、村人たちの戦場の現地に立って探るのがねらいです。

1の「戦場の荘園の日々」では、十五世紀末から十六世紀はじめにかけて、和泉国日根荘の山あいに暮らした、一人の公家の日記をもとに、厳しい戦いのあいついだ戦場の村々の緊張に満ちた日々に迫ります。この荘園の村人たちのたくましい生き方に、きっと感嘆されることでしょう。

2の「村人たちの戦場」では、まず室町時代の近畿地方に荘園の村を訪ねて、村の城をめぐる人々の動きや、武装する村人たちの熱心な行動を描き、ついで関東の戦国大名の国に入りこんで、大名たちが国の危機に直面しながら、村人たちを動員するのにいかに苦心したかを探ります。中世の村人は自分の住む地域の平和を守るのには熱心でも、権力による徴兵にはまるで消極的だった様子が、くっきりとみえてきます。

3の「戦場の商人たち」では、戦場がつねに商人たちのビッグ・ビジネスの場であり、兵粮《ひょうろう》の調達をはじめとして、大名たちの戦争そのものが商人なしには成り立たなかった事情を明らかにします。

II「村の平和」では、戦いの間の平和なひと時、生産にいそしむ村と村人たちの姿を訪ねます。

4の「荘園の四季」では、山城《やましろの》国《くに》山科《やましな》東《ひがしの》荘《しょう》(京都市山科区大宅《おおやけ》)を訪ねて、十五世紀後半の荘園の村の歳時記を作ってみるつもりです。あふれるような季節感に包まれた、京都郊外の村と領主の暮らしぶりや、双方の緊迫した交渉ぶりが魅力です。

5の「村からみた領主」は、いったい中世の村人は領主をどうみていたのか、村の領主の職責とはいったい何だったのか、を探るのが主題です。もし領主がしっかり勧農《かんのう》の務めを果たすなら、百姓もたしかに年貢を納めよう。領主と村人は双務契約の関係にあるのだ、というのが中世の人々の通念で、もし領主が替われば、そのつど村との契約をやり直す(古い契約は帳消しになる)べきだ、という世直しの意識が広く行き渡っていた事実が明らかになるでしょう。

6の「村の入札《いれふだ》」は、中近世の村自身の意思決定の仕組みが主題です。村に盗難事件が起きた時、どうやって犯人を捜すのか、村役人に欠員ができた時、後任をどうやって選ぶのか。それを村人たちの投票によって決める。そんな村の多数決の習俗が、中世もかなり早くにはじまり、やがて近世の村に広がっていった事実をたしかめます。

Ⅲ「中世都市鎌倉」には、7「鎌倉の祇園会と町衆」の一編を収めています。中世の鎌倉といえば、源氏の守護神だった鶴岡八幡宮と若宮大路を中心に、整然と作り上げられた武士の町を思い浮かべるのが普通で、いまも秋に行われる八幡宮の流鏑馬《やぶさめ》祭りはその象徴の地位を占めています。

ところが、中世の鎌倉では、町衆の住む大町の祇園社（現在の八雲神社）で真夏に行われる祇園祭が隆盛をみせていました。つまり中世都市鎌倉というのは、武士だけの軍事都市だったのではなく、武士たちの流鏑馬（八幡宮）と、町衆の祇園祭（八雲神社）という二つの中心をもった、楕円構造の都市だったらしいのです。私の地元でもある鎌倉大町の町衆の目で戦国の歴史をみつめると、意外な鎌倉の都市像が浮かび上がってきます。

村にも自前の城があった。そんな新鮮な驚きを胸に、いよいよ「戦国の村を行く」新たな旅に出発しようと思います。

I　村の戦争

1　戦場の荘園の日々――和泉国日根荘

村々がたえず戦場になった戦国時代の日々、いったい人々はどうやって戦火をくぐりぬけ、生き延びていたのか。それをたしかめてみたいという思いで、いま私は、戦国時代のはじめに公家の九条《くじょう》家の荘園だった、和泉国日根荘《いずみのくにひねのしょう》（日根野荘とも。大阪府泉佐野市）を訪ねてみようとしています。

その荘園は和泉国（大阪府）と紀伊国《きいのくに》（和歌山県）の国境にありました。荘園の中を、両国をむすぶ粉河街道《こかわかいどう》が通っていましたから、戦国の争乱が激しくなった十五～十六世紀のころには、この一帯で、紀伊の根来寺《ねごろじ》・粉河寺《こかわでら》（ともに和歌山県那賀《なが》郡）の僧兵たちの勢力と、和泉をおさめる守護の細川氏の勢力が、たえず衝突を繰り返していました。

絶えまない戦争や、あいつぐ凶作や飢饉にも苦しめられながら、この荘園の人々は、さまざまの危機を乗り越えて、自分たちの生命と村の暮らしをけんめいに守り抜いていたらしいのです。

この日根荘の中でも、谷中《たにじゅう》とか「入山田《いりやまだ》四か村」などと呼びならわされた、土丸《つちまる》・大木《おおぎ》・菖蒲《しょうぶ》・船淵《ふなぶち》という、山々の間にはさまれた四つの村々の動きに、私はとくに興味をひかれています。この四か村は、海に浮かぶ関西国際空港の入り口になって、大開発の荒波にもさらされた大阪府泉佐野市のうち、土丸・下大木・大木・上大木などの地域に当たります。

私の関心は、これらの村々の戦国時代はじめの動きを、「中世の村の危機管理」という視点からみなおしてみよう、というものです。いったい中世の村を襲う危機を、村人たちはどうやって回避していたのでしょうか。たまたま十六世紀のはじめころ、関白までつとめた領主の九条政基《まさもと》が、殺人事件を起こして都を離れ、はるばるこの荘園に下って、三年近く大木村の長福寺《ちょうふくじ》に住み、荘園や村人の動きを、つぶさに日記『旅引付《たびひきつけ》』に書き留めていました。その日記に生き生きと登場する村人が、この章の主役です。以下、しばしば『旅引付』からの引用が出てきますが、その際とくに出典は示さず、日付のみを付すことにしておきましょう。

戦争の惨禍

中世の人質取り

戦国時代のはじめ十五〜十六世紀ころ、日根荘一帯の賑わいの中心は、佐野の町(大阪府泉佐野市）で、毎月の二と七のつく日、つまり月に六回、ここには賑やかな市が立ちました。九条政基もその日記の十七日のところに、「今日は佐野の市の日だ。この市は、いつも二と七の日に立つ」（文亀《ぶんき》元年六月十七日）と書いていました。これを六斎市《ろくさいいち》といいますが、その市の日のさなかの事件でした。

入山田四か村のうち大木の村人たち三人が、この市場にやってきて、とつぜん和泉の守護（細川氏）の家来に逮捕されてしまったのです。この大木をふくむ四か村は、佐野よりもずっと山奥にあって、いつもまとまって行動していました。だから、この事件を知ると、「生捕りにしたのは、どうも佐野の連中らしい。すぐ仕返しに佐野の市へ放火しよう」とか、「いや、われわれも守護方から人質を取ろうではないか」（守護領の者を人質に取り返すべし）などと、さまざまな報復策を話し合っては、いきり立っていました。

「人質に取り返すべし」というのは、人質を奪い返そう、というのではありません。中世でいう「取り返し」は、しばしば仕返し・復讐を意味していました。この「取り返し」という言葉は、たとえば、鎌十四丁を奪われた「取り返し」として、相手の船一艘を奪う（『那波鉄治氏所蔵文書』）とか、たとえ敵の足軽《あしがる》が挑発してきても、「取り返し」をしてはならぬ（『狩野勝次郎氏文書』）、というように使われていました。

守護方が強引な生捕りをやったのだから、わが村も仕返しに守護方から人質を取ろう、というのです。守護といえば、この国では最強の軍事権力だというのに、それにめげず自力で復讐に立ち上がろうとする、村人たちの強い姿勢が印象的です。

それから二年後のことです。

またも佐野の市の日に、入山田の者六人が、やはり守護方に「召取《めしと》」られてしまいました。すると入山田の四か村の人々は、今度もすぐに集まって「内談・評議」し、粉河の市から帰る「佐野の古老《ころう》の郷人《さとびと》」三人、つまり守護方についている佐野の町の有力者を、村の中を通る粉河街道で待ち伏せ、報復に「質取り」しよう、と追いかけます。しかし結局、土丸の村人に強い慎重論があって、無事に通してやろう、ということになったのでした（文亀三年七月十二日）。

ところが、こうした力ずくの人質の生捕りを、じつは、領主の九条政基もやっていたのです。たとえば、村人がどうしても年貢を納めないというので、政基はみずから命令して、日根野の西方《にしかた》の村の長老の村役人（番頭《ばんとう》）一人を、また辻鼻の村では、番頭・百姓三人を、無理やり捕まえさせ、縄でしばって連行し、「囚人《めしうど》」扱いにしていました（文亀元年九月二十三日）。

つまり、十六世紀はじめの荘園では、現代のハイジャックさながら、人の生捕りを、武士（守護）ばかりではなく、公家（政基）も村人（入山田）も、公然とやっていたことになります。よそから襲撃された仕返しはもちろん、自分の要求を強引に通そうとする時にも、「取り返し」とか「質取り」などといって、堂々と復讐をしたり、人質を取っていたのでした。日根荘にかぎらず、「やられたら、やり返す」とか「復讐は正義だ」というのが、何よりも自力を重んじた中世では、いわば世間の常識でした。

奴隷狩りの脅威

かつて私は、そんな戦国の荘園の質取りの姿を、詳しく検討したことがありました[1]。ところがその時、じつは重大な見落としをしていました。戦争の中で起きた非戦闘員の生捕りを、ふだんの質取りとすっかり混同し、戦場の村を襲った次のような惨禍を、まったく無視してしまっていたのでした。

日根荘が戦場になった時、村々を襲った戦禍を、『旅引付』はこう書き留めています。

①違乱《いらん》いまだやまざる刻、百姓を捕らえて、献料《こんりょう》を押し取らる。（文亀元年八月十八日）

②上《かみ》守護の被官人《ひかんにん》（家来）、日根野に打ち入り、地下《じげ》（村）といい、寺庵《じあん》といい、ことごとく乱法（濫妨《らんぼう》）せしめ、先ず番頭の刑部《ぎょうぶ》太郎と脇《わき》百姓と、両人を生取りおわんぬ。（同年八月二十八日）

③国（守護）より押し寄せられ候て、大名《だいみょう》を召捕《めしと》り、宅を焼き、資財、雑具、牛馬等、ことごとく濫妨（略奪）し候。（同年九月十九日）

④宗兵衛《そうべえ》衆《しゅうら》等、なおもって出張（出陣）、吉見《よしみ》、海生《かいしょう》（嘉祥）寺、新家《しんけ》、佐野等の地下人《じげにん》（村人）、男女をいわず生取りおわんぬ。（文亀二年九月一日）
⑤樫之井（樫井）館を退くの時、妻女《さいじょ》遅く出て、根来衆の足軽（雑兵《ぞうひょう》）等、捕らえ取りおわんぬ。代物《しろもの》百貫をもって請《う》く（買い戻す）べきの由、懇望《こんもう》すといえども、なおもって承引《しょういん》せず。（同日）
⑥隣郷、傍庄《ぼうしょう》は、ことごとく放火、生取り、切棄てる。（永正元年七月十三日）

ここ国境近くの村々では、戦争になると、守護方や根来寺の兵によって、家財や牛馬が奪われ、家が焼かれ、人が切り殺されました。それだけでなく、百姓も脇百姓（小農）も、番頭（村役人）も、大名（豪農）も、男も女も妻女も、見さかいなく敵の兵士たちの生捕りの犠牲となっていた、というのです。

これらの記述は、日常のものめごとの中で行われる、ハイジャック風の人質取りとは違う、戦場の村での生捕り、つまり敵の兵士たちによって村人の奴隷狩りが行われていたという、驚くべき事実を、私たちに告げています。

戦場の村では身代金《みのしろきん》目当ての人の略奪も行われていました。①の献料とか、⑤の代物というのは、戦場で人をつかまえて、その身寄りの人々に要求した身代金のことです。よそでも、甲《こう》州《しゅう》（山梨県）の戦国の年代記『妙法寺記《みょうほうじき》』がその事情に詳しく、天文《てんぶん》十五年（一五四六）、武田信玄の軍に襲われた、戦場の村のありさまを、こう書いています。

男女生捕り成され候て、ことごとく甲州へ引越し申し候。さるほどに、二貫、三貫、五貫、十貫にても、身類《しんるい》（親類）ある人は承け（買い戻し）申し候。

相模《さがみ》（神奈川県）の戦場の村で、男女が武田軍に生捕られ、みな甲州へ連行された。しかし、親類のある裕福なものは、二～十貫文《かんもん》ほどの身代金で武田軍から買い戻されていた、というのです。先の『旅引付』⑤にみえる、身代金百貫文というのが、とほうもない巨額だったことがわかります。

ともかくも、大金を出せば生捕りは返してやるというのですが、もし貧しくて身代金を払えない人々は、どうなったのでしょうか。北関東の戦場には、こんな衝撃の証言があります。それは、はしがきでも紹介した事件ですが、越後《えちご》の上杉謙信（長尾景虎《かげとら》）が北関東に遠征して、常陸《ひたち》の小田氏治《おだうじはる》の城（茨城県つくば市）を攻め落とした時のことだった、といいます。

小田開城、景虎より、御意《ぎょい》をもって、春中《はるじゅう》、人を売買事《うりかう》、二十銭、三十二（銭）程致し候。

城主が降参し落城（開城）すると、戦いに敗れ敵軍に占領された小田城下は、たちまち奴隷市場に一変し、大名の上杉謙信が自ら差配して、人の売り買いをはじめた、奴隷の値段は二十～三十銭ほどしていた、というのです。

このように戦場の村や町では、軍隊による公然たる奴隷狩りが行われ、戦場に出入りする人買い商人たちとの間に、奴隷の売り買いがされていたのです。こうした戦国時代の戦場の奴隷狩りの被害は、先に『雑兵たちの戦場』[2]を書いた時に、私が調べたところでは、ほとんど全国の戦場に及んでいました。

いったん村が戦場になれば、家々は略奪されたあげく放火され、村が焼き払われます。それは、苅田《かりた》と呼ばれた敵の兵士たちの作荒らしとともに、おそらく避けようもなかったでしょう。しかし村人の身になれば、略奪・放火・殺害は戦争の常、などといってはいられません。何もしなければ、食糧や家財を奪われ、切り殺され、奴隷にされてしまいます。その危険を未然に防ぎ、自分たちの家財や生命を守るために、村々はどんな対抗策を凝らしていたのでしょうか。

村の城

村の城に籠る

敵の襲来が必至だとなると、入山田の四か村の人々は、すばやく行動を起こしました（文亀元年九月二一〜五日）。

①鹿狩りと号して、四か村の群兵《ぐんぴょう》、山に昇り、払暁《ふつぎょう》より相《あい》待つ。

②槌丸《つちまる》（土丸）はことごとく私財を運び、牛馬の往反《おうへん》、もってのほか物騒《ぶっそう》。

守護の細川方が攻めてくるという噂に、①この日、村では人々に「鹿狩りだ」といいふらして、狩りの支度をして武装した村人（群兵）を集め、夜明け前に山に籠って、こっそり敵軍を待ち伏せます。その山というのは、土丸の東南にある、雨山《あめやま》のこととみられます。雨山は標高三百十五メートルほどで、その頂上近くには、早くから土丸城のあったことが知られています。そこは西の眼下に粉河街道を見下ろす、しっかりした要衝の地だった、といいます。

②さらに、この山籠りと連動して、土丸村では、平地の里にもっとも近く、谷の出口に当た

るため、守護軍の来襲にそなえて、家財すべてを早くよそに隠そうと、牛馬の往来で大騒ぎになった、というのです。

四か村はすでにその二日前、この村境の土丸で緊急の集会を開いて、対策を話し合っていましたから、①②のような機敏な行動の計画は、もうその時に決められていた、いわば予定の行動だったのでしょう。みごとな村の自前の危機管理ぶりです。

さらに、こんな機敏な緊急措置がとっさに取れる裏には、「鹿狩りだ」という触れが廻れば、四か村の人々がすぐに自前の得物《えもの》（武器）を取って、機を逃さず山に集まり、力を合わせて鹿狩りをするという、いかにも山あいの村々らしい、狩りの共同の習俗のあったことがしのばれます。

ついで注目したいのは、①で村人の取った「山に昇」るという行動の意味です。戦時の村人の山籠りといえば、『旅引付』にはこんなにも多くの記事がみえます。

③（守護方に襲われて）地下（在村すること）叶《かの》うべからず……御百姓等ことごとく入山すべく候。……先ず命を助かるべくんば、山入りつかまつるの外、他なく候。（文亀元年八月二十八日）

④（守護方に襲われて）日根野の東方《ひがしかた》分ことごとく地下（村）を開（空）け、山中に引き

退く、……奥三ケ村は蜂起《ほうき》して、土丸に打ち出す。（同二年六月二十六日）
⑤（襲ってきた根来衆が）退散せずんば、地下（村人）ことごとく深山に引き籠り、家を開（空）けて、国方《くにがた》（守護方）に注進《ちゅうしん》すべきなり。（同年八月二十一日）
⑥（もし守護方に襲われたら）地下は山へ取り上《のぼ》りて、見物申すべきなり。（同二十二日）
⑦（守護方に襲われて）焼き払われて以来、いまだ東方は山林に交わり、還住《げんじゅう》（帰村）する能《あた》わず……。数年に及び候て、御百姓は藪山《やぶやま》にかくれ候……。（同年十月二十九日）

先に①でみた「四か村の群兵、山に昇」るという抗戦の動きと、敵軍に襲われた時に村人たちの取った、③山入り、④山中に引き退く、⑤深山に引き籠る、⑥山へ取り上る、⑦山林に交わる、藪山にかくれるという、一連の「山入り」の行動の間には、明らかに一貫性がある、とみるべきでしょう。

文亀二年（一五〇二）の記事④〜⑦を月別にみれば六月、八月二回、十月と、この四か村は、平均するとほぼ三か月に一度の割合で、敵の襲来におびえていた計算になります。これほどの苛酷な現実に直面した日根荘の村々が、村の近くの山の中に、自分たちの生命・財産を自力で守る、何らかの拠点を造りあげていたことは、まず確実とみていいでしょう。

私はいま、その村の山には、イザという時に村人の籠る、「村の城」があったに違いないと、推測しています。私たちはこれまで、城は権力のシンボルだ、とばかり思い込んできました。しかし、はっきりと城が権力だけのものになるのは、明らかに近世（十七世紀）以後のことで、自力で生き抜くのが当然とされた戦国の世には、城をもっていたのは領主だけではなく、おそらく村にも山の中に城があったのだ、と私はみるのです。なお、村を取り巻く山々が、中世の村の生命維持《サヴァイヴァル》に、どれほど大切な存在であったかは、最後にもう一度、触れたいと思います。

草のなびくようなる御百姓

さらに見逃せないのは、①〜⑦のような行動に先立って、村では「国（守護方）を待ちかくる躰《てい》は、然《しか》るべからず」と話し合われていた、という事実です。つまり、わざわざ「鹿狩りと号」して、「四か村の群兵」を山に集結させた、という入山田の行動の裏には、おそらく、村独自の冷静な計算があった、とみられます。

いくら村の自衛のためといっても、もし大っぴらに村々の兵を集め、武装して村の城に籠れば、もう単なる自衛ではなく、村が公然と守護に敵対したことになってしまいます。それでは、複数の敵にはさまれた国境で、村の中立と平和はとても保てません。しかし、自分たちの生命や財産は、何としても自力で守らなければなりません。表むきは「鹿狩りだ」といって、ひそかに兵を集めれば、どこにも角は立たないだろう……と。

この四か村のすぐ近くにある熊取荘《くまとりのしょう》(大阪府泉南郡熊取町)の人々は、そんな国境の村の厳しい生き方を、

何《いず》れの御方《おんかた》たりと雖《いえど》も、ただ強き方へ随《したが》い申すべき也《なり》。

という言葉で語っていた、といいます(永正《えいしょう》元年四月五日)。つまり、国境の村人たちは、われわれは誰とも敵対はしない。誰でもいいが、村をしっかり守ってくれる者こそがわれわれの領主だ、というのです。

また彼らは、自分たちのことを、「草の靡《なび》く様《よう》なる御百姓」ともいっていました。こう語ったのは、入山田から熊取まで、根来寺の僧兵と結んだ粉河寺の僧兵たちが、無理やり押し通っていった時のことでした。

二つの言葉はともに、よく知られた「風にそよぐ葦」という言葉にそっくりで、一見すると、ひどく弱々しいなげやりな言葉のようです。しかし、むしろここには、自衛の力量をたくわえながら、世俗の権力争いからははっきり距離をおき、なんとか中立を堅持して、平和な暮らしを願う、国境に生きる人々のたくましい哲学があった、と私はみます。百姓たちの徹底した日和見《ひよりみ》、といってもいいでしょう。

大百姓以下は、草のなびき、時分を見計らう物にて候。

といって、百姓たちの油断のならない日和見ぶりを、強く警戒していたのは織田信長でした（『古今消息集』）。どうやら「百姓は草のなびき」という言葉は、戦国もごく早くから、広く行きわたっていたとみられます（『天文《てんぶん》日記』天文七年三月二十一日）。

先にこの言葉に注目した勝俣鎮夫さんは、「誰でもいい、強い者につくのさ」という村の生き方は、武士たちの主従の哲学とは正反対で、おそらく戦国の百姓すべてに共通のものだった、と説いています。[3] この見方によれば、百姓と武士の考え方は、まるで別世界のもので、兵と農の分離は、この戦国のはじめには、すでにはっきりした形をとっていた、ということになります。

出合え、出合え

また自衛する日根荘の村人たちは、早鐘《はやがね》や叫び声や、時には煙（のろし）を合図に、ほとんど条件反射ともいえる、機敏な行動もみせています。

ある時は、守護軍に襲われて、村が危ないというので、朝早く村の二つの早鐘が激しく打ち鳴らされました（文亀元年八月二十八日）。また、ある時は、平地の日根野東方が守護軍に襲われると、村人が「出逢《であ》（合）」って対抗し、入山田の四か村へも応援を求めて来たので、円満寺の鐘を打ち鳴らして、「四か村の軍兵」を動員し、敵を追い落として、召し取られた二人の村人を取りもどした（同三年十月二十九日）、というのです。

入山田四か村そのものが、まとめて「谷中」とも呼ばれたように、山に囲まれた天然の要害（城郭）で、土丸は里に出る虎口《こぐち》（城門）の位置を占め、谷中の防衛は四か村共同の務めとされていたのでした。たとえば、敵の襲撃に備えて村々が「一味《いちみ》」（一致団結）し、大木村の人々は橘口《たちばなぐち》を用害《ようがい》（要害）に構えたとか（同元年六月二十二日）、奥三か村が蜂起《ほうき》して、土丸の小口《こぐち》（虎口、入り口）に打ち出し、敵を待ちかけた（同二年六月二十六日）、というような『旅引付』の記事は、その事情をよく示しています。

橘口の用害というのは、大木村の奥の方の抜け道に「立花谷」とか「木戸口」という小字《こあざ》がありますから、この橘の木戸（城門）のあたりに当たるようです。また、土丸の小口というのは、入山田の虎口に当たる土丸村そのもの、あるいは雨山にある土丸城の城門の位置を指すのでしょう。

この「出合え」という言葉も、「一味」の語と同じように、戦国の村人の行動の秘密を解く、大切なカギです。「出合え」といえば、テレビの時代劇で、悪人の親玉が「であえ、であえ」

と大声で叫んで殺し屋どもを呼ぶ、お決まりの場面を連想される方もあるでしょう。

じつは中世の村でも同じことで、もし不審な者をみつけたら、「出合え」と大きな叫び声をあげて、村人に急を知らせ、それを聞いた者は、すぐに自前の武器を取って、現場へ駆けつける。それが「出合う」で、もし、知らぬ振りをしていると、後で仲間はずしの厳しい制裁をうける。そんな自力の習俗が、早くから出来あがっていたのでした。

いずれにせよ、こうした機敏な行動も、「早鐘」や「出合え」という叫び声を合図にして、ほとんど条件反射のように、不断に繰り返されていてこそ、はじめて可能になったのでした。

踊り交わす村々

入山田の結束の高まりといえば、思い出されるのは、七月のお盆の夜の風流《ふりゅう》念仏《ねんぶつ》のことです。

風流というのは、仮装してにぎやかな囃《はや》しで踊り狂うはげしい群舞が特徴で、この入山田では「四ケ村より、入山田の惣社《そうじゃ》の滝宮《たきみや》への立願《りゅうがん》」として、村の滝宮つまり水の神にささげられた踊りでした。

滝宮はいまの下大木の火走《ひばしり》神社《じんじゃ》がそれで、都を離れてこの村に暮らす公家の九条政基は、その近くの長福寺を自分の宿所にしていました。その風流は踊りも囃しも、同時に演じられる猿楽《さるがく》の能も、この都育ちのお公家さん領主から、「風情《ふぜい》も言詞《ことば》も、都の能者《のうしゃ》に恥じない」と絶賛されていました。

ことに注目したいのは、その風流の踊りを支えた村々のみごとな動きです。お盆の夜の踊りの高まりを追ってみましょう（文亀元年七月十一～十六日）。

①〈十一日夜〉政基のいる大木の長福寺の前へ、土丸の地下衆が風流念仏にやってきた。
②〈十二日夜〉昨夜の念仏の返しといって、今夜は地元の大木村の風流が寺にやってきた。
③〈十三日夜〉船淵村の衆がきて、念仏の後に、種々の風流をつくした。
④〈十四日夜〉また地元の大木の衆が念仏（風流）にやってきた。
⑤〈十五日夜〉まず菖蒲村の衆が、ついで大木衆が、あいついで風流にやってきた。
⑥〈十六日夜〉寺の前に大木と土丸の風流がきた。滝宮の社頭では、土丸・大木の二村が、ついで菖蒲・船淵の二村が競演した。

こうした一連の動きをみますと、土丸―大木、船淵―大木、菖蒲―大木、土丸―大木、菖蒲―船淵というように、夜ごと四か村の風流の群舞が、まるで輪舞のように、互いに交錯し合い、十一日夜から十六日の夜へ、しだいに高揚し盛り上がっていく様子が、よくわかります。

猿楽の能とともに、「希有《けう》の能立《のうたて》」と驚嘆された、この入山田の村の芸能は、「念仏の返し」とか「二村の立ち合い」と呼ばれた、四か村の熱いエネルギーの交流と共同によって、みごとに支えられていたことになります。

なお「踊りの返し」という話は、よそにもみえています。

たとえば、まだ織田信長が若いころのこと、ある年の七月十八日、尾張《おわり》（愛知県）の津嶋《つしま》で踊りを催し、自分も天人の姿に仮装し、女踊りをして清洲《きよす》城に帰ると、今度は津嶋五か村の年寄りたちが、清洲に出かけて「踊りの返し」をし、その踊りがすばらしかったというので、喜んだ信長は、踊り手たちを呼んで、ひとりずつ親しげに声をかけた、というのです（『信長公記』）。

また、駿河《するが》の今川氏が滅びかけていた永禄《えいろく》十年（一五六七）七月、駿河の国中に風流の踊りが大流行したといいます。その時の光景は、徳川氏創業の記録『松平記《まつだいらき》』の中でこんな風に伝えられています。

八幡村より踊り初め、所々の村々へ踊りをかけ、これを踊りて返す間、殊のほか、踊り数多《あまた》に成り、八月の末、九月まで踊りける間、次第によく成りて、所々より侍町へ（踊りを）かけ、町より、御城へ（踊りを）かけなどいたす間、今年は中々はや寒く成る時分、踊りの時にはこれなき間、来秋に返すべしとて、九月の末より踊りは止むる……。

ある村がよその村々に踊りをかけると、よその村々も踊り返し、風流踊りの輪は侍町（武士の住む町）から、城下町（庶民の住む町）へ、城（今川氏の城）の中へと、大きく広がって、二か月ほどたっても止むことを知らなかった。さすがに九月末（今なら十一月初旬）になると、夜も寒くなってきたので、この踊りの返しは来年の秋にしようということになって、ようやく止んだ、というのです。この話は今川氏が滅びる予兆として、大げさに語られているのですが、踊りの返しという習俗があればこその挿話だと思います。

「踊りの返し」といわれた、日根荘の夏の夜の大きな踊りの交流は、どうやら広く中世の村々の間に行われていた習俗だったようです。

戦力の中心は若衆

村の共同の土台を、しっかり支えていたのは、村の若衆《わかしゅう》でした。

とくにその力は、「村の武力」として発揮されました。入山田が「地下一味」して守護軍を防ごうというので、大将を決めて、大木の若衆を動員した（文亀元年六月二十二日）とか、菖蒲村の若衆たちが村の盗人《ぬすびと》どもを誅罰《ちゅうばつ》（処刑）した（永正元年三月二十六・二十八日）とか、村中の若衆を中老《ちゅうろう》、（中堅の村人）がとりまとめ、船淵の村役人（シキ＝職）が率いて二十余人で出動した（同年四月五日）、というような記事が『旅引付』にみられます。

エネルギーあふれる村の若者を中心に組織された村の軍隊を、経験豊かな中堅の村人が指揮し、さらに村役人が大将として若さの暴発を統制する、という役割になっていたのでしょう。若者を主力とした村の武力は、村の警察力としても機能していました。

もともと中世の村の仕組みは、年齢階梯制《ねんれいかいていせい》といって、長老・中老・若衆というような、長老たちをトップにおく、年齢層ごとの集団から成っていました。しかし戦争のあいつぐ村では、とくに軍事に若者の力量が強く求められ、その行動には大きな自由が与えられていました。

かれらは、敵の不意打ちにあって、「敵は具足《ぐそく》（武装）なり、此方《こなた》は皆すはだ（普段着）なり」という、不利な戦いを強いられても、勇敢に敵を追い散らし、「真実真実神慮《しんりょ》かな」（まさしく神様のおかげだ）と政基を感嘆させるほどの、みごとな戦いぶりをみせました。地元ゆえの地の利と、「地下一味」という地域防衛の決意と、次にみる広い地域の固い連帯が、村の武力の源泉でした。

村から地域へ

隠物の習俗

先にみてきたように中世の村では、イザ敵に襲われそうになると、村の屈強な若者たちは村の城に籠り、残った村人は家財を牛馬に積んで避難していました。そうした村人の避難ぶりについては、『旅引付』にはほかにも、①今夜、守護軍が入山田を襲うらしいと聞いた熊取の者が、二か月前の逃散《ちょうさん》（村人が集団で村を出る）の時に土丸に預けておいた家財道具などを取りに来た（文亀元年六月二十二日）とか、②里の佐野・井原・上郷《かみのごう》・熊取・新花（新家）・木嶋などの村々が、財物や牛馬などを、入山田中《じゅう》に預けていた（同二年九月十二日）というような記事がみえています。

こうした家財の保全をめぐる村どうしの共同は、中世では隠物《かくしもの》とか預物《あずけもの》などと呼ばれていました。それは、自分たちの大切な家財や食糧を、自力で守り抜くための、いかにも中世らしい危機管理の習俗だったのです。山あいの村の方が、里の村よりは安全だったからでしょう。中世の里の町や村と山あいの村々は、こうした隠物の習俗を仲立ちにして、思いがけない緊密な地域の連帯を作り上げていた、ということになります。

安全保障を金で買う

ところで、戦場の村の危機管理策として、とくに見逃せないのは、大金を払って村の平和を買っていた、という事実です。紀州の根来寺の僧兵軍が、日根荘の里にある日根野の村に乱入したため、つぎは入山田との境の土丸が危ない、という形勢になった時のことです（文亀二年九月三〜十二日）。

四か村の村役人（番頭）たちは、直ちに集まって協議を重ね、「賄賂《わいろ》」を出して「地下の滅亡」を免れようと決めると、朝早く山越えして根来寺に乗り込み、寺の執行部（惣分《そうぶん》）にかけ合います。その間にも四か村は、里の日根野で陣を張る根来兵から、兵粮米《ひょうろうまい》（兵士の食糧）十五石と人夫《にんぷ》十五人を出せと強要され、もうとても断り切れないという、せっぱつまった情勢になっていきます。

そこへようやく三日後に、大木と土丸の番頭が、根来寺から二枚の制札《せいさつ》と根来兵への命令書（下知状《げちじょう》）等をもらって、帰ってきます。制札には、「入山田とは同盟の契約がある。だから、根来寺の僧兵がこの村々に陣取ったり、濫妨狼藉（略奪暴行）を働くのを、根来寺の総意として厳禁する」と明記されていました。

この大金で買った制札のおかげで、入山田四か村は戦場となって略奪・放火・殺害にさらされたり、根来の僧兵に占領され、むりやり兵粮米や人夫を徴発されたりするのを、無事に免れたのです。敵の本拠に乗り込んだ番頭たちのねばり強い交渉の成果でした。

しかし、制札をもらうまでには、合わせて二千疋《びき》あまりもの、巨額の費用がかかっていました。銭でいえば、百疋＝一貫文として、二十貫文（銭二万枚）に当たります。その内訳は、根来寺最高の議決（惣集会《そうしゅうえ》）に先だって、根まわしの私集会（談合）を開いてもらうために、根来寺の執行部（惣分や内談衆《ないだんしゅう》など）の十余人に贈った、酒代・太刀《たち》代という名目の賄賂、二枚の制札の代金、制札を書いてくれた人への筆耕《ひっこう》料、首脳部（惣分）への謝礼などでした。

番頭たちはその代金を、ともかくも根来寺に借金して、支払ってきたのでした。根来寺は村々に戦を仕かけ、たった二枚の制札を書いただけで、大金を手にしたことになります。しかし村にとっては、その制札がかけがえのない安全の保障でした。

しかし借金の返済は、入山田四か村の大きな負担になりました。負債総額の四分の一（五百疋）だけは、無理やり領主の九条政基に出させましたが、残りの大半は村々の家ごと（家別《いえべつ》）に割り当てられました。村が払った後の不足分は、入山田よりもっと山奥にある七宝滝《しっぽうりゅうじ》寺に二百疋、村の中にある滝宮に百疋というように、有力な寺院や神社にも割り振られ、さらに、入山田に隠物をしていた里にある町や村にも、制札のおかげで戦火を免れたのだからといって、何がしか負担してもらって、やっと弁済したらしいのです。

制札経費のほぼ半分は、村人たちの自己負担で賄われた、ということになります。金で平和を買うという、戦場の村の自前の危機管理は、日根荘だけではなく、この戦国時代には、ほぼ全国で行われていたのですが、そのために戦場の村々は、じつに大きな財政負担を強いられていた、ということがわかります。

連帯と対立の中で

村々はふだんの生産の面でも、みごとな地域の連帯ぶりを発揮していました。

ある秋、入山田の村々を貫いて流れる入山田川（犬鳴川《いぬなきがわ》・樫井川《かしいがわ》）の大洪水で、土丸や菖蒲の村から、谷を越えて下流の田に水を通す大きな用水樋《とい》（木製の送水管）が、下流の長滝荘《ながたき》まで押し流されてしまう、という被害が出ました（文亀二年九月一日）。

入山田側は、川の水かさが減っては、大きくて重い樋の引き揚げが難しくなるというので、樋の流れついた長滝荘の了解をえると、同じ荘内の日根野東・西の老若《ろうにゃく》までも頼んで、四百人あまりで引き揚げにかかります。しかしとても動かせないので、さらに上郷三か村や長滝荘（ともに泉佐野市）の人々にも「合力《ごうりき》」してもらって、やっと途中まで引き揚げ、あとは来春に、ということになりました。この時上郷は、人手のほかに、酒まで出して振る舞ってくれた、といいます。

広い地域のこまやかな連帯を示す事件として、日記の中でもとくに印象に残る記事です。「合力」といえば、中世ではこれもまた、村々の共同の行動を表す重要なキーワードで、村どうしの山野の争いや合戦などの場面でも、しばしば登場してきます。

つぎは、そろそろ麦刈りを済ませて、田植えにかかろうという麦秋のころの事件です。平地の日根野東・西の村人が、前年以来、領主に税金（公事銭《くじせん》）を納めずに村を捨てて逃散し、番頭も辞めてしまう、という深刻な事態のさなかのことでした（文亀二年五月一日）。

日根野の人々の反抗に怒り狂った九条政基は、麦刈りの後はすぐに田植えだというのに、入山田の村人に、下流の日根野東・西の田んぼに用水を送る入山田川の用水樋を切り落としてしまえ、と命じました。ところが、土丸の村人がこの暴挙に強く反対して、領主に意見したので、もめごとも無事におさまった、というのです。

この時、用水樋の切り落としに強く反対したのも、先に佐野の長老の質取りを止めさせたのも、土丸の村人でした。入山田の谷の入り口に位置して、里の村や町に近かった村ならではの心遣いがうかがわれます。そういえばこのころ、十三人ほどの土丸の村人が、里にある日根野の田を出作りしていたことも、思い出されます（『九条家文書』）。村を超えた農民どうしの強い連帯感は、お公家さん領主の九条政基には、とても理解できなかったのではないでしょうか。

しかし、山と里の村々はいつも仲良しだった、というのではありません。

ある年の初夏、奇妙なはやり病で死者があいつぐという騒ぎの中でのことでした（文亀三年四月三〜二十九日）。近くの里方にある上郷と日根野のあいだで、山の利用をめぐるナワバリ争い（山論《やまろん》）が再発し、村どうしの合戦（取合《とりあい》）は必至だと伝えられ、近隣の村々にも緊張が走ります。が、その三日後にどうやら衝突は避けられたようだ、と伝えられました。

二つの村の山論は、その後も長く繰り返されたらしく、十七世紀のはじめ慶長《けいちょう》年中には、もつれた山争いが、ついには佐野にある春日神社の神意による決着（大起請《きしょう》）にまで持ち込まれるほどの、大騒ぎになっています（『川上氏蒐集文書』）。

先の山論から半月後、今度は里にある井原の村人が土丸の山に入って、山の木を盗み切りしたことが発覚しました。これを知った入山田四か村は、すぐに会合を開き、その報復に、相手方をつかまえて「打擲《ちょうちゃく》」しよう、と相談しますが、村の古老たちが強く反対します。というのは、井原村の山盗みは、おそらくその近隣の七か村が共謀（七ケ郷与同《よどう》）してやったことに違いない。だから、うっかり復讐すると七か村の反発をうけて、きっと大変なことになる、と予想されたからでした。結局はこの意見に従って、慎重に思案しよう、ということに落ち着いたようです。

中世には、「山盗み」など山の利用をめぐる村同士の紛争も、「山論合戦」などと呼ばれて、実力でぶつかり合うのが常でした。もともとはっきりした境界線などのない山野では、それがほとんど日常化していたのです。だからこそ、その山を「入会《いりあい》」といって共同で利用し、もめごとを互いに調停するのに、また村々の広い結びつきが求められたのでした。「七ケ郷与同」というのも、四か村の慎重な思案というのも、対立しながら結びあう、活力に満ちた戦国の村々の姿を、よく表しています。

クミの郷——地域の互助システム

戦火の中の地域の連帯ぶりについても注目したいと思います。

先にも紹介した事件ですが、お公家さん領主の政基が、いつも守護方に味方して自分には年貢を納めない日根野の西方に、武力で年貢を取り立てようと、とつぜん強制執行の兵を出し、村役人を捕まえてしまいました。これが守護方をひどく刺激し、反撃に乗り出したため、日根荘の一帯は大騒ぎになりました（文亀元年九月二十三〜二十五日）。

日根野の西方の番頭の一人が、入山田の政基の所へ、むりやり連行（質取り）されたとわかると、怒った守護方では、この日根野をはじめ、綾井（大阪府高石市）・本山（?）・大田（同八尾市）など、広く遠近の諸郷に呼びかけ、村々の兵千人ばかりを動員し、入山田に激しい矢戦《やいくさ》をしかけます。驚いた入山田側は、谷の入り口の土丸村に陣を張るとともに、入山田百姓中の名で、かねてから「クミの郷」として「中合」わせていた、近隣の熊取や上郷などに援軍を求めます。

「クミの郷」からの返事は、こうでした。「かねて、根来の兵が押し寄せてきたら、守護方が貝を吹いて急報し、村々はすぐに出兵する、という申合せでした。そこへ守護方の貝が鳴ったので、急いで出陣したところが、根来との合戦ではなく、政基と守護方の争いだとわかって、驚いて兵を引いてしまったのです。もしも援兵が必要なら、いつでも協力しましょう」と。

こうしたやり取りからみて、日根野一帯の広い範囲の村々の間には、いざ敵襲という事態に備えて、荘域を超えて「クミの郷」という関係が結ばれ、細かい共同の手筈が整えられていた様子です。「クミの郷」というのは、地域防衛のための共同の安全保障だったことがわかります。

同じような地域の連帯感は、じつにさまざまな場面で語られています。

たとえば、入山田四か村では、もし日根野が守護方に攻められれば、つぎは土丸が危険になり、土丸がやられれば、残る三か村も終わりだ、だから「火にも水にも（水火《すいか》をいとわず）一味」しよう（文亀三年五月十八日）、と約束を交わしていました。また、日根野の東方は平地だから、イザという時は、この谷を頼りにして、共同で防衛する（互いに申し合わす）、という手筈も取り決めていました（同年七月二十七日）。

また、ある夏のはじめに、粉河寺・根来寺の僧兵たちの連合軍が、守護方と対立して和泉に兵を出し、入山田の谷を通せ、と要求してきた時のことです。すでに佐野や吉見・海生寺（ともに大阪府泉南郡田尻町）は、根来衆に焼かれて火の海となっていました。

はじめのうちは入山田側も、上郷も日根野も「一具《いちぐ》の御領中」（同じ領内）、「互いの地下」（お互いさまの間柄）なので、もし、この入山田を通った軍勢に、よその村へ放火されたとあっては、後難が思いやられますと抗弁し（永正元年四月五日）、地域の運命は一つとけんめいに説いて、僧兵の要求を断っていたのですが、ついに抵抗をあきらめます。しかたなく僧兵軍の道案内役として、「地下中の若衆に、中老を相選び、船淵のシキ（職）を首《かしら》として、二十余人」という、村の小隊を組織したのは、この時のことでした。

その後の案内ぶりにも、地域を守る苦心がにじみ出ていました。粉河の僧兵たちを日根野に出してはまずいというので、わざと西へ行く日根野への道を避け、北へ行く分かれ道を雨山川《あめやまがわ》沿いに、隣り合う熊取荘の朝代《あさしろ》（泉南郡熊取町）へ出ます。ここで、かねての手筈通り、家二軒に火をつけ、「契約の煙」を上げて、熊取谷へ危急を知らせます。入山田から朝代・熊取へ、谷や荘域を超えて、法螺貝《ほらがい》の音や家を焼く煙（のろし）まで使った、緊急の連絡網ができていたのです。

合図の煙をみて、総出で粉河の僧兵を待ち受けた熊取の人々（惣地下衆《そうじげしゅう》）も、「私たちはただ強い方に従っているだけで、決して敵対はしません」と頼み込んだため、粉河衆も守護方の家来になっている者たちの家屋敷（熊取給人《きゅうにん》どもの館《やかた》）ばかり、三か所に放火しただけで、村を荒らさずに引き揚げていきました。熊取の村が粉河兵の放火を免れたと聞いて、政基も驚嘆し「高運《こううん》の至りなり」（運の強いことよ）と書いたほどです（永正元年四月五日）。

戦国はじめの入山田や日根野や上郷は明らかに、同じ荘園なのだからとか、一つの地域なのだからという、根強い連帯感に固く結ばれていました。戦時下の危機管理をめぐる、「地域」という村や町の結びつきは、早くから進んでいたことになります。

生命の山野

戦いのさなかに日根荘の人々は、「命を助かるべくんば、山入りつかまつるの外、他なく候」と語り、何かというとすぐに山入りしていたことは、すでに紹介しました。それは、ふだんの生業でも同じことで、日ごろ国境をまたぐ山々を、人々はいわば日常の仕事場として、縦横に行き来して暮らしを立てていました。

「鹿狩りと号して山に昇」るとか、焼灰（紺灰《こんぱい》）の商売のために、「入山田の郷民は紀州の山に立ち入り、また紀州の郷民も入山田の山に立ち入る」（文亀三年九月五日）という『旅引付』の記事が、その事情をよく表しています。

ことに飢饉の年などは、山の植物だけが頼りでした。前の年のひどい凶作で、村々が飢饉に襲われた、次の春のことです（文亀四年二月十六日、同年三月二十六日）。

①去年不熟《ふじゅく》のゆえ、御百姓ら繁多《はんた》に餓死《がし》しおわんぬ。よって蕨《わらび》を掘りて存命《ぞんめい》せしむ。②去る夜、また蕨の粉盗人《こなぬすびと》これあり、見つけて家内に追い入れ、殺害しおわんぬ。寡女《かじょ》両人なり。……夜前も六、七人これを殺す。

①餓死だけは免れようと、村人が競って近くの山々へ蕨の根を掘りに押しかけ、蕨の根を粉にし、川水に一晩さらして、灰抜《あくぬ》きしてから食べていました。②ところが、その川にさらした蕨の粉が、夜ごと何者かに盗まれ、ついに男親のない貧しい母と子が、夜警の若衆にみつかって、殺されてしまった、というのです。この記事をみて、私には幾つか思い出すことがあります。

その一つは、先にも引用しましたが、『旅引付』とおなじ戦国のはじめころ、甲州で書かれた『妙法寺記』です。天文三年（一五三四）と同二十三年（一五五四）のことです。

①この春、言語道断《ごんごどうだん》に餓死候て、人々つまる事、限りなし。次に疫病はやり候て、皆々病み候。……八月より明る年の四月まで、蕨を掘り候て、みな身命《いのち》をつぎ候。

②去年の餓死に、人のつまる事、言語道断、申すばかりなし。人のかつ（飢）え死ぬること限りなし。蕨を二月よりして五月まで、掘り申し候。大がい、蕨にて物を作り申し候。

戦国の富士北麓の村々でも、①繰り返し飢饉に襲われ、そのたびに人々は山に入り、やはり蕨の根を掘って、それを加工して食べ、②二月から五月のもっとも深刻な端境期に、なんとか餓死を免れよう、としていたのでした。

もう一つ思い起こすのは、ずっとさかのぼって、諸国が飢饉にあえぐ十三世紀半ば（正嘉《しょうか》三年＝一二五九の春）に、鎌倉幕府の出した山野河海の法です（『中世法制史料集』）。飢饉に襲われ、飢えにさまよう人々が、山野に入って長芋《ながいも》や野老《ところ》（山芋の一種、救荒食物）を掘り、海辺に出ては魚貝をとり海藻をひろって、ようやく命をつないでいる。そんな人々を、在所《ざいしょ》の地頭《じとう》たちが、自分の持ち山や海から締めだし、見殺しにするのは許せない、というのです。

この法は、ひどい飢饉の年には、難民のために、領主の私権をおさえて、すべての山野河海を開放させよう、というものでした。原文には「あるいは山野に入って薯蕷《しょよ》、野老を取り、あるいは江海に臨んで魚鱗《ぎょりん》、海藻《かいそう》を求む」とあり、飢えて山野河海に殺到し、必死に食べ物を探す人々の姿が、あからさまに活写されています。

この法は、飢饉という非常事態の中で地頭のもつ海や山の私権をおさえる、幕府の強権発動のようにみえます。しかし、これより十五年ほどさかのぼった、寛元《かんげん》二年（一二四四）十月、鎌倉幕府は「山野河海の事」と銘打って、すでにこんな法を出していました（『中世法制史料集』）。世の中は前の年から疫病がはやり（疱瘡《ほうそう》流行）、旱魃《かんばつ》で大凶作（天下損亡《そんもう》）となり、こうなったのは政治が悪いからだ（政道依違《せいどういい》）という、非難の声もあがっていました（『百錬抄』『平戸記』）。

そこで、「山野河海の事」では、近くの山野の草木・鳥獣や河海の魚類・海藻などの利用は、領主との節度ある共生（和与《わよ》）が大切だ。ほんらい最寄りの山野河海をみな共同で利用するのが「世間の習」ではないか。もし領主がそれを独占すれば、厳しく処罰する、というのです。

ここで私が注目するのは、誰もが日々の暮らしのために、草木・鳥獣、魚類・海藻を、近辺の山野河海に求める、それは「世間の習」なのだ、といっている点です。飢饉の中で私権の抑制を求めた鎌倉幕府の法は、一方的な強権発動などではなく、むしろこの「世間の習」をふまえた共生の勧告だった、とみるべきでしょう。

これら二つの幕府法はともに、山や海での領主と民衆の共生を、けんめいに説いています。もともと「海山はみんなの物」で、たとえ領主でも、勝手な独り占めは許されぬ、と。それは、幕府の命令というより、それを超えた「万民の法」であったことになるのです。

近世の飢饉史を精力的に追究している、菊池勇夫氏はいいます。飢饉の中で春がくると、飢えた人々は入り乱れて里近い山々に殺到し、山々は人で埋まった。海山は万民のものという世間の習いは、飢饉の中では、中世から近代までずっと生きてきたようだ、と。[4]

また都市社会学者の藤田弘夫氏も、こう警告しています。すぐに飢える村は、決まってまわりの自然が荒れていた、と。[5] 飢饉の中で生死を分ける生命維持《サヴァイヴァル》のカギは、まわりの自然が豊かであるかどうかにかかっていた、というのです。

最後にもう一度、飢饉の中の入山田四か村の惨状を伝える記録を、読み直してみましょう。

去年不熟のゆえ、御百姓ら繁多に餓死しおわんぬ。よって蕨を掘りて存命せしむ。

この『旅引付』のそっけない記事に、あの鎌倉幕府の二つの海山の法を重ね合わせますと、山野河海の自然を守ることがなぜ大切なのか、その大きな意味がくっきりと浮かび上がってくるように思われます。

あいつぐ戦争・飢饉、そして逃散。そのつど近辺の山々に籠り、自然の恵みに生命を委ねて、けんめいに危機を乗り越えていた、戦国時代の日根荘の人々に思いをはせて、戦場の荘園を訪ねる旅を終わりたいと思います。[★補注1]

2　村人たちの戦場

荘園の城

悪党の城

もともと、城を造るのはナワバリ宣言であった、などといえば、唐突に過ぎるだろうか。

そのわけは、こうである。鎌倉時代も末に近い、正和《しょうわ》四年（一三一五）秋のことであった。世に「都鄙《とひ》名誉《めいよ》の悪党《あくとう》」と呼ばれて、強力な武装で世間にも知られた、寺田《てらだ》法念《ほうねん》ら数百人もの武士たちの集団が、播磨《はりま》の矢《や》野荘《のしょう》（兵庫県相生《あいおい》市）に乱入した。その状況を、のちに矢野荘の領主となった東寺《とうじ》に伝わる『東寺百合文書《ひゃくごうもんじょ》』は次のように記す。

政所《まんどころ》以下、数十宇《う》の民屋《みんおく》を焼き払い、刃傷《にんじょう》を致し、数百石《こく》の御年貢《みねんぐ》等を奪い取り、城郭を構え、当国、他国の悪党等を籠《こ》め置く。

この「悪党」と呼ばれた集団は、荘園の役所（政所）をはじめ、村人の家々を襲って火をかけ、刀を振り回して斬りかかり、納められたばかりの年貢米を数百石も奪い去った。こんな悪党たちの活動ぶりは、「悪党の時代」ともいわれるほど、鎌倉末（十四世紀はじめ）の日本のいたるところで繰り広げられていた。もし放火や略奪だけなら、通り魔のしわざともみられよう。ところが、ここに「城郭を構え、当国、他国の悪党等を籠め置く」とある。悪党たちは、荘内にしっかりと城を構え、仲間に守らせて、引き揚げていった。荘園には「悪党の城」が残った。この荘園はおれの物だ、というわけである。それこそが悪党の目的で、ただの通り魔ではなかった。

知らせを受けて、都に住む当時の荘園領主の南禅寺《なんぜんじ》は、あわてた。荘園の領主にとって、村々や年貢米の被害より何より、現地支配の拠点（政所）を焼かれたうえに、「悪党の城」を築かれたのが衝撃だった。それは荘園を占領されたのと同じことで、これを認めておくわけにはいかぬ。すぐに朝廷を通して、鎌倉幕府の京都出張所だった六波羅探題《ろくはらたんだい》に泣きついた。

訴えを聞いた六波羅はさっそく、荘園のある播磨国をおさめる守護に、こう指示した（『東寺百合文書』）。

①早く守護代《しゅごだい》と相共《あいとも》に、彼《か》の所に莅《のぞ》み、②城郭の有無を見知《けんち》し、③事実《ことじつ》たらば、これを破却《はきゃく》し、④当時の狼藉《ろうぜき》を相鎮《あいしず》めよ。

①荘園に急行して、②悪党の城があるかどうかたしかめ、③もしあれば直ちに破壊し、④悪党の暴行を排除せよ、と。明らかに、③が指令の焦点であった。荘園領主が願ったのも、この「城破《しろわ》り」の執行だったのであろう。この悪党の城がどうなったか、その後の消息は知れない。

それから三十年たった、康永《こうえい》三年(一三四四)秋、鎌倉幕府が滅びて間もない、南北朝動乱のさなかのことである。同じ荘園に、今度は吉川孫太郎らの悪党が攻めてくる、という形勢になった。さすがに、今度は都の荘園領主の対応もすばやく、防御のてだてを現地の住民にこう指示した(『東寺百合文書』)。

①重藤《しげふじ》政所のこと、元より、要害《ようがい》の所として、構え置かるるのところ、近年散々《さんざん》の由、聞《きこ》し召《め》され候。返々《かえすがえす》、勿躰《もったい》なく候。②急ぎ四壁《しへき》ならびに屋倉《やぐら》等、その構えを致し、③彼の所において、用心あるべく候。

①もとから要害(城)構えだったはずの政所が、近年は手入れもされずひどい有り様だ、と

いうではないか。とんでもないことだ。②急いでまわりの城壁と監視用の屋倉（矢倉＝櫓）をしっかりと構え、③協力して悪党を防げ、と。

驚いたことに、荘園の役所だった政所もまた、もともと「荘園の城」であった。政所も「四壁」といって、まわりに板塀をめぐらすか、堀を掘って内側に土塁《どるい》を築くかしたうえに、要所には高い物見《ものみ》の矢倉（監視台）を構えて、重藤城とも呼ばれていたのである。

ただ、城といっても、十四世紀のそれは、高い天守《てんしゅ》や巨大な石垣のある、江戸時代の城とは様子がまるで違う。むしろ、十二世紀末の源平合戦のころ、『平家物語』が「堀掘り、掻楯《かいだて》かき、逆茂木《さかもぎ》ひいて」とか「口《くち》二丈、深さ二丈に堀を掘り、逆茂木引き、高矢倉かき」と伝えるような、防御ラインに障害物や物見台を設けただけの、簡単な城に近い。

広く中世の時代には、敵を防ぐために、堀（濠）や矢倉、バリケードの逆茂木（先を鋭く尖らせた木杭の列）・掻楯（矢を防ぐ楯の列）などが設けてあれば、ごく簡素なものであっても、あれは城だ、と誰もが認めた。

もともと「城」というのは、何よりもまず、そこを守りぬく強い決意と、現に領有している事実とを、広く世間に誇示する、ナワバリ宣言だった。中世では現実にある領有のナワバリを、「当知行《とうちぎょう》」と呼んだから、城はいわば当知行の象徴だったことになる。矢野荘の悪党たちが、真っ先に政所を襲ったのも、そこが「荘園の城」で、荘園領主権（領主のナワバリ）のシンボルだったからだ。悪党たちは、もとあった領主のナワバリのシンボルを焼き払って、新たに自前の城を造り、自分たちのナワバリを宣言したのであった。

そのシンボルを、力ずくで破壊するのが「城破《しろわ》り」で、それは相手のナワバリの否定を意味した。だから、もしそれができなければ、相手のナワバリを認めた、とみなされた。あの矢野荘の領主が、あわてて幕府に「城破り」を頼みこんだのは、そのためだった。

政所と村人

そもそも「荘園の城」は、村人たちの生活にどんな関係があったのか。

これは、十三世紀の中ごろ、丹波《たんば》の雀部荘《ささきべのしょう》（京都府福知山市）のできごとである。この荘園に赴任してきた新しい地頭《じとう》が、りっぱな自分の役所（地頭政所《じとうまんどころ》）を造ろうとして、古い草屋《そうおく》の役所をこわして、「五間三面《ごけんさんめん》の式屋《しきや》」を建てよ、と百姓たちに要求し、これに強く反対する百姓たちと対立して、大きな裁判沙汰になっていた。

百姓たちは主張する。「五間三面の式屋」つまり、三方に庇《ひさし》をめぐらし、正面の柱間《はしらま》が五つもある、そんなぜいたくな寝殿造《しんでんづく》り風の建物など、絶対に反対だ。だが、もとの草屋の役所を修理して使うのなら、それは「百姓の大営《だいえい》（公のつとめ）」だから、決して拒否はしない、と。

先例のないこと（新儀《しんぎ》）は認めぬと、地頭の新しい企てを拒否した百姓たちも、古い政所の修理なら当然のつとめだ、と認めていたことになる（『山城東文書』）。なぜだろうか。

先にみた播磨の矢野荘の近くに、鵤荘《いかるがのしょう》（兵庫県太子町《たいしちょう》）という、法隆寺領の荘園があった。その寺の代官が書いた政所の事件簿である『鵤荘引付《いかるがのしょうひきつけ》』に、こんなできごとが記されている。十六世紀のはじめ、名主《みょうしゅ》（有力な百姓）から小百姓《こびゃくしょう》（小農）たちまで荘園の住民すべてが、領主に異議ありといって、抗議の逃散《ちょうさん》を企てて村を出た。

惣荘《そうしょう》の名主、百姓らを引き催し、六ケ村分の名主、百姓、悉く《ことごと》以て柴を引き、逃散しおわんぬ。前後三十余日、政所へ出入りこれなし。

いまその抗議の理由には立ち入らないでおくが、かれらは自分たちの家々を柴木で閉じ、誘い合って村を出ると、奈良にいる領主（法隆寺）が要求をのむまで、田畠の仕事を放棄したばかりか、一か月あまりも、決まった政所の仕事もしなかった、というのである。

逃散というと、決まって、名主・百姓たちが、政所に出入りしなくなってしまう。これには、現地で荘園をおさめる代官も困ったらしい。荘園をおさめる役所の実務は、ふだんから村人たちの尽力に支えられていたからである。

また同じころ、この荘内のある村の名主が、隣の荘園で人を殺して逃げ帰ってきた。隣荘はすぐに下手人を引き渡せと要求し、犯人側の村が拒んでかくまったため、隣荘から武器を取って押し寄せるという騒ぎになった。そこで鵤荘の名主二人が「中人《ちゅうにん》」に立って、けんめいに収拾をはかる。同じ『鵤荘引付』にこうある。原文は少し破れているが、なんとか意味はわかる。

　政所にてたばかり、政所に御寄合《およりあい》にて、召し捕□(り)、□生害《しょうがい》させ……。

名主たちは政所に集まって対策を練り、政所に寄合があるといつわって、問題の犯人を政所に誘い出し、捕まえて処刑してしまった、という。

どうやら、荘園の政所というのは、ふだん名主・百姓たちが出入りして、この荘園に駐在する領主側の代官のもとで、日常の事務をこなし、警察の仕事までつとめていたらしい。事件簿によれば彼ら村人は、時には村人だけの集会も開き、年貢を負けろと代官ともやりあい、いざとなれば実力行使も辞さなかった。

だから、村人が逃散して政所の仕事を放棄すると、政所の機能は麻痺してしまった。日常には、村役場や公民館であり、非常時には、荘園と住民の生命を守る城郭にもなる。もともと領主の出先の役所だった政所が、いつしか村人の力で、そんな公共の施設に性格を変えていた。

古い政所の補修なら自分たちの当然のつとめだ、といった雀部荘の百姓たちの言葉も、これなら納得がいく。荘園の城を造るにも、これと同じ事情があったに違いない。

戦費は領主が負担した

悪党から荘園を守るため、矢野荘の村人たちに、政所城を補強してほしいと求めた時、都の領主はこう言明していた。

城造りに働いてもらう代わり、「用害堀構《ようがいほりかまえ》の酒肴《しゅこう》」や、悪党たちと合戦になった時の兵粮《ひょうろう》米《まい》は、すべて領主側で負担しよう。実際にかかった費用は、後でこの荘園が納める年貢から控除しよう、と。政所城を拠点にして、荘民の力で荘園を守ろうというのであった。城造りに従う村人たちへの酒肴や、兵粮などの戦費は、すべて領主側が負うべきもので、その支払いは、じつは秋の年貢から差し引く形で、年貢と相殺される定めであった。

領主が実際に身銭を切って支払うわけではなかったが、それでもよほどの重荷になったらしい。だから、経費を領主がもつのは、大きな戦闘の時だけ、それも年貢の二〇パーセントまでが限度だ、荘民の使う馬や武具の費用まで控除するわけにはいかぬなどと、村の戦費の支出に、こまごまと条件をつけていた。しかし百姓側は逆に、一日にたった七合の兵粮米ではとても足りぬと、領主を突き上げていた。

武器や装備だけは百姓の自弁《じべん》（手弁当）だが、合戦の時の兵粮も城の建設費も、人夫にふるまう酒や肴《さかな》も、つまり危機管理にかかる費用はいっさい、領主が負担すべきもの、というのが中世の人々の通念であった。荘園の平和、住民の命や財産を守るのは、もともと領主の責務とされていた。

ところが従来の歴史の学界では、中世の百姓は兵粮自弁の軍隊といわれ、領主に強制的に駆り出されて、みな手弁当で戦ったと信じられてきた。だが、この荘園の現実は、通説とまったく違う。

百姓も城をもつ

戦いの危機がさらに切迫すると、矢野荘の住民から都の領主へは、荘園を守るための新しい防衛計画が申請された。『東寺百合文書』はいう。

①矢野白石城のこと、申請に任せ、真末名《さねすえみょう》内の田地をもって、城郭を構え、庄家《しょうけ》の警《けい》固《ご》を致すべし。②もし彼の城中に民屋《みんおく》を構えず、徒《いたず》らに年月を経《へ》ば、何時《なんどき》たりといえども、改めて沙汰《さた》あり。本《もと》のごとく田畠に成し、年貢を進むべし。

①荘内の農地（真末名畠五段《たん》、貞恒名《さだつねみょう》畠四十〔代〕、時延名《ときのぶみょう》畠十〔代〕、已上《いじょう》六段）をつぶして、新たに白石城を造り、城中に名主・百姓が居を構えて、荘園（庄家）を守りたい。悪党の襲撃にそなえて、政所城のほかにもう一つ、名主・百姓の城を造りたい、といってきた。

この要求に、都の領主（南禅寺から東寺に変わっていた）は、荘園の帳簿を開いて、思案したようだ。新しい城造りに、大事な農地（名田）を三か所、あわせて六反歩（いまなら約六十アールほど）もつぶせば、麦・大豆・蕎麦《そば》など、二石もの年貢が取れなくなってしまう。だが、悪党に百姓の家々を焼かれては、年貢どころではなくなる。というので、やむなくこの要求を認める。

それでも、領主はよほど心残りだったらしい。②新たな城造りは認めよう。だが、もし城中にいつまでも民屋を構えなかったら、もと通りに年貢をかけるぞ、とダメを押していた。

この新しい城がどうなったかは、よくわからない。だが、同じころ、戦いに備えるこの矢野荘の姿が、こう書き留められていた（『黒川古文化研究所所蔵文書』）。

城郭（を）構え候て、地下の名主、夜、昼（と）用心仕《つかまつり》候。又、公文《くもん》方へも、他所よ（り）見継勢《みつぎぜい》、数多《あまた》越えられ候て、警□（固）せられ候。

村の有力者（名主）は、自分たちだけで自前の城を構え、昼も夜もなく独力で警備を固め、別にこの荘の代官（公文）の籠る城へも、よそからぞくぞくと加勢（見継勢）がやってきて、防禦《ぼうぎょ》を固めている、というのである。

ここにみえる名主たちの城が、新しくできた白石城で、代官の城は政所城（重藤城）のことらしいが、断定はできない。しかし、名主ら荘園の住民たちの自前の城が、代官の城とは別に、独自に危機に対処しようとしている姿は、よくみて取ることができる。

一つの荘園に二つもの城があるというのは、矢野荘だけのことではなかった。十六世紀のはじめ、同じ東寺領だった備中《びっちゅう》の新見荘《にいみのしょう》、（岡山県新見市）でも、荘内が激しい戦場になった時、

三職衆《さんしきしゅう》も、未《いま》だ当城に籠《こも》り候。西方の里分《さとぶん》は、悉く小屋に籠り候。

この荘をおさめる代官たち（三職衆）は、土着の領主だった新見氏の「城」に籠ったが、ふつうの里びとは、あげて山中の「小屋」に籠った、というのである（『東寺百合文書』）。荘園にいる上層の人々の「城籠り」と、下層の「小屋籠り」といえば、戦国末の日本に住んだジョアン・ロドリゲスも、こう証言する（『日本教会史』）。

戦乱による火災のために、すべてが破壊され、一般に、領主と貴族は、高い山にある城郭に住み、その他の民衆は、山中の森林や頂上、また叢林に住み、それらの家屋はいずれも、通常、茅《かや》や乾草《ほしくさ》でできていた。

明らかに領主とは別に、村人は自分たちの「村の城」や山小屋、つまり拠点や避難所を、自前で造りあげ、「村の武力」を備え、同心《どうしん》・合力《ごうりき》して、警固の順番を作り、自力で荘園や村を守った。

「村の城」といえば、最近は、地域ごとの中世城郭研究者たちの、文字通り地をはう努力によって、藪林に埋もれた山城《やまじろ》の調べが、大きく進んだ。ただ「城《じょう》」とだけ呼ばれて、文献もなく、いい伝えさえもない、小さな中世の山城の群が、村や町ごとに、次々に姿を現してきている。だが、そうした「名もない」山城の城主を探しあぐねると、無理に名のある武将の事跡に結びつけるか、さもなくば、有力な大名の支城群、つまり城郭による領国支配のネットワークの末端、とみてしまうのがふつうである。

しかし、もしそれが村人の手になる「村の城」であったら、城の名や城主の名など伝わらないのが、むしろ自然ではないか。名のある英雄に憧れて、無理に「大名の城」に仕立て上げるよりは、むしろ地域からの目で、数多くの小さな山城は、村人が自力で造りあげた、村のナワバリや地域の生活を守る、「村の武力」の拠りどころだった、と構想してみようではないか。少なくともそうする方が、中世の地域の活力を探りあてる、楽しい仮説となるに違いない。

武装する村

「村の武力」とは何か

いったい「村の武力」とは、何だろうか。

十五世紀のはじめ、室町幕府の時代のことである。永享《えいきょう》六年（一四三四）の秋、京の人々に山法師と恐れられた、比叡山《ひえいざん》の僧兵たちが、日吉《ひえ》大社の神輿《しんよ》（おみこし）をかついで京に乱入する（山門《さんもん》の嗷訴《ごうそ》）、という騒ぎになった。もし京に侵入されれば、神の祟りが恐ろしい。

知らせに緊張した室町幕府は、山法師を実力で阻止しようと、敵正面にあたる洛北《らくほく》と、都の中枢をなす将軍と天皇の御所に、それぞれ幕府軍の主力（三管領《さんかんれい》・四職《しし き》家などの軍隊）を配置して、守りを固める。

それと同時に、都の周辺にあたる伏見《ふしみ》・山科《やましな》・醍醐《だいご》など、京郊の荘園の村々にも、それぞれの領主を通じて、村人の動員を求めた。①は『満済准后日記《まんさいじゅごうにっき》』、②は『看聞日記《かんもんにっき》』の記事である。

①〈山城の醍醐あて〉便宜の所へ罷《まか》り出て、東口へ落ち行く山徒《さんと》ら候わば、打ち留め、具《ぐ》足《そく》等をも剝ぎ取り候べし。

②〈山城の伏見あて〉伏見の地下人《じげにん》、悉《ことごと》く罷り出て、山徒ら神輿を振り捨て、帰る路を防戦すべし。

村人こぞって出動し、「便宜のところ」で待ち伏せ、幕府軍に追われた山法師の落人《おちうど》を、みつけしだい討ち留め、身につけた具足（鎧）も剝ぎ取ってほしい、と。この「便宜のところ」で、というのが面白い。村の兵を動員して幕府軍に組み込もうというのではなく、どこへ兵を出し、どう戦うかは、いっさい村の自主的な判断に任せる、それぞれ勝手知った地元で、山法師の落人狩りをしてほしい、という意味であった。

村人たちの落人狩りといえば、一世紀前の『太平記』の記事が、ことに生々しい。戦い疲れた落武者たちが、戦場の村々から脱走にかかると……、

案内者《アンナイシャ》ノ野伏《ノブシ》共、所々ノツマリ〳〵ニ待受《マチウケ》テ、討留《ウチトメ》ケル間、日々夜々ニ、討《ウタ》ル、者、数ヲ知《シラ》ズ。希有《ケウ》ニシテ命 計《イノチバカリ》ヲ助カル者ハ、馬《ムマ》、物具《モノノグ》ヲ捨《ステ》、衣裳《イシャウ》ヲ剝取《ハギトラ》レテ……。

地の利を知った地元の村人（案内者ノ野伏共）が、人の通りそうな村の山野に、夜も昼も待ち伏せ、落ち武者とみると、馬や武具をだまって渡せば見逃してやろう（馬物具ヲ皆捨サセテ、御心安ク落サセ給へ）、と叫んで襲いかかり、もし拒否すれば殺し、降参しても身ぐるみ剝ぎ取ってしまう。こんな野伏たちの活動ぶりは、京郊の村々に室町幕府が出した、「落ち行く山徒を打ち留め、具足等を剝ぎ取れ」という、山法師対策の指令の内容と、そっくりではないか。

もともと、異形の武装をして村に侵入する怪しいよそ者は、村人の力で身ぐるみ剝いで、村から追い出す。それが「村の平和」の掟であった。だから、村や地域の平和にかかわる限り、村人は主体的によく働いた。しかし、それを超えてまでは、容易に動こうとはしなかった。「便宜のところ」で落人狩りを、と頼みこんだ幕府は、こうした村頼みの作戦の威力と限界を、よく知っていたに違いない。

「村の武力」に期待はしても、決して主戦場には立てず、もっぱら後方の押さえを頼む。それは、武力に優劣があったからというより、中世社会の戦いにも、こうした農と兵の分業に、もともと暗黙の了解があったからであろう。中世的な兵農分離である。

さて、幕府のこの要請をうけて、伏見荘ではどうしたか。現地に住む荘園領主の日記『看聞日記』はいう。

地下《じげ》の輩《ともがら》、緩々《ゆるゆる》と用意なきのあいだ、①召集のため、即成院《そくじょういん》の早鐘《はやがね》を鳴らし、②晩景《ばんけい》に御香宮《ごこうのみや》に③集会《しゅうえ》し、④着到《ちゃくとう》を付《つ》く。

禅啓猶子小河五郎左衛門尉《さえもんのじょう》　浄喜子　同新左衛門尉
善理子　三木《そうぎ》五郎　御所侍善祐弟　内本助六《すけろく》
禅啓子、庭田青侍藤兵衛尉《とうべえのじょう》　禅啓子、正栄猶子岡勘解由亮《かげゆのすけ》
俊阿猶子芝左衛門五郎
　已上《いじょう》、侍七人　下人五十人、
舟津《ふなつ》村　六十三人　三木《そうぎ》村　百人
山村　三十人　森村　十五人
石井村　十人　野中村　十人、
　已上、三百余人、
半具足《はんぐそく》の輩、一荘駈集《かけあつま》る。

動員令が出たのにみんなのんびりしているというので、村で戦いをリードする役割をもつ、「侍《さむらい》」と呼ばれる家の若者が、あせって動員にかかる。

まず、①伏見荘の中心の寺（惣寺《そうでら》）の即成院の早鐘を打ち鳴らして、村人たちに召集を知らせると、②その夕方には、この荘の中心の神社（惣鎮守《そうちんじゅ》）の御香宮に、村人が半具足という身軽な武装で、ぞくぞくと集まってきた、③すぐ集会を開いて作戦を話し合い、④集まった三百人あまりの名前を、「着到」という戦闘の出席簿に一人ずつ記帳した。

その「着到」の原文も、ほぼ日記の通りだったのであろう。

まず筆頭の七人の肩書に、みな「……の子」とか、「……の弟」などとメモしてあるのが、ひときわ目をひく。つまり、さあ戦いだというので、村の戦いに責任のある、文字通り「七人の侍」の家からは、腕自慢の若い息子たちばかりが、それぞれの家の手兵（下人）たちを、合わせて五十人も率いて、顔をそろえた。これが村の戦闘のリーダー格で、殿原若輩《とのばらじゃくはい》と呼ばれていた。

ついで、舟津村六十三人・三木村百人など、荘内の六つの村々から集まった人数が、村ごとにまとめて出席簿に記された。一つひとつの村が、まとまって戦う組織された集団だったからに違いない。これが、「凡下《ぼんげ》」といわれた民兵である。侍・凡下・下人といえば、（近世の士農工商のような）中世の身分制をいうが、「武装する村」の動員システムの中で、「侍」は軍事に責任をもつ軍奉行《いくさぶぎょう》をつとめ、「下人」はその従者で、「凡下」は一般の兵士、という役割になっていたようである。

①の早鐘から、④の着到まで、このすばやい集結は、まるで条件反射そのものである。それは、不断に繰り返され、鍛えられていなければ、できるものではない。また着到というのは、戦列にたしかに加わった証に、また兵士の員数調べに、集まった人の名を記帳することで、ふつうは、武士たちの戦陣の作法としてよく知られる。そんな戦いなれた行動を、村人たちがこともなげにやってのけているのである。

それから一世紀あまりものち、織田信長にそむいた明智光秀は、山崎の合戦で秀吉に敗れ、夜の闇の紛れに、ここ伏見の小栗栖《おぐるす》（京都市伏見区）まで落ちてきて、「土民《どみん》の一揆《いっき》」に殺された、といわれる。『太閤記《たいこうき》』でよく知られた、ほんとうの話である。いまにして思えば、明智狩りの「土民の一揆」というのは、ひどく村人を差別したいい方であるが、村人たちの手なれた落人狩りだったのであり、あるいは秀吉があらかじめこの伏見一帯の村々を味方につけておいた、落人狩り作戦の一環だったのかもしれない。

村どうしも合戦をした

では、イザ戦争だという時、この荘園の村々のみせた、早鐘から着到にいたる、みごとな条件反射の裏に、いったい何があったのだろうか。同じころの伏見荘の周辺一帯の事件簿①〜⑤を中心に、この時代の近畿の村の様子⑥⑦をのぞいてみよう。

『満済准后日記』

①応永《おうえい》二十七年（一四二〇）、草刈り場のナワバリ争いのあげく、その現場で、伏見の百姓が木幡《こわだ》の荘民から鎌を奪うと、相手も自分のナワバリの境界に木札を立て、伏見側もさあ戦争だ（弓矢を取るべし）といきり立ち、相手も「大勢を引きいて用意」する、という騒ぎに発展した。

②永享五年（一四三三）の春、醍醐の炭山《すみやま》（宇治市）と、山のナワバリ争いが、こじれていた。あげくは、相手の百姓を伏見側が待ち伏せし、五人を殺し三人に傷を負わせる、という騒ぎになる。その仕返しに、今度は伏見の二人が生捕られ、伏見方も醍醐の法師三人を捕まえてしまう。室町幕府が落人狩りの動員を頼む前年のことである。

『看聞日記』

③応永二十九年（一四二二）、日照りつづきの夏に、水田に引く水が不足して、水争いが起きた。伏見の百姓たちが、夜中にこっそり近くの深草《ふかくさ》（京都市伏見区）へ田の水を引

きに行くと、相手は近隣に援軍（合力《ごうりき》）を頼み、大勢が甲冑《かっちゅう》で武装して妨害した。一方、伏見の村人も、戦闘（弓箭《ゆみや》）の準備にかかる。同じような水争いは、その二年前にも起きていた。

④同じ年の秋、今度は近くの三栖庄《みすのしょう》（同伏見区）と、野の境で草刈り場のナワバリ争いが起きた。相手は自分たちのナワバリに城（要害）を構え、戦闘（弓箭）を企て、蜂起《ほうき》して押し寄せてくる、という噂。伏見庄でも、村々の軍勢を集め、近くの村々にも、合力を求める。

⑤同三十一年（一四二四）の春先、近くの槙島《まきのしま》（宇治市）と草刈り場のナワバリ争いで、草刈りに出かけた伏見の者が、待ち伏せにあって打擲《ちょうちゃく》され、双方の村人が加わって、殺し合いの戦闘になる。

『湯橋家文書』ほか

⑥同じ十五世紀はじめころ、紀州（和歌山県）の山あいの村々でも、用水不足のさなかに、水争いがもとで、「弓矢に及ぶ」という村どうしの戦闘になり、ついには、戦いに負け、降伏した村人が自分の家を自焼《じや》きする、という悲惨な形勢となっていた。

『菅浦《すがうら》文書』

⑦同じ時代に、琵琶湖の北端にある菅浦でも、隣の大浦との山争いがもとで、「放火、刃《にん》傷《じょう》……田畠踏み荒らす」とか、「大明 神《だいみょうじん》の前にて合戦」という、村どうしの深刻な戦いが続いていた。大浦の方は、海津《かいづ》東浜・今津《いまづ》・堅田《かたた》・八木浜《やぎはま》の村々に、菅浦の方でも、八木・河道北南《かわみちきたみなみ》・西野・柳野・塩津《しおつ》・春浦・海津西浜などの村々へと、それぞれ湖岸の浦の村々に、援軍（合力）を求めたため、戦いは一気に広がった。そのあげく菅浦方は、十五人もの戦死者を出し、応援してくれた村々に食糧や酒代や、犠牲者への補償を支払うのに、「兵 粮《ひょうろう》（米）五十石、酒直《しゅちょく》（酒代）五十貫文《かんもん》」という大きな借財を抱えこむことになった。

こうして、十五世紀の村々の事件簿を開くと、弓矢・甲冑・合力（援軍）・出合（出動）・要害・蜂起・押寄《おしよせ》・合戦・打擲・殺害など、猛々しい言葉があふれている。記録のままに言葉をつないでいけば、戦いなれた村々の姿が浮かび上がり、鐘の音一つで行動を起こす、すばやい条件反射の秘密が解けてくる。

十五世紀以後の村々は、互いに、農業に欠かせぬ木や草や水の利用をめぐって、山や野や川や湖で、荒々しいナワバリ争いの真っただ中にあった。もともと「村の武力」は、村々の生活をかけた、苛酷なナワバリ争いの中で鍛えられていたのであった。

しかも、その争いは、当事者の村ばかりか、合戦合力といって、広く地域の村々をまきこんで戦われるのが普通であった。そうした互いに協力しあう村々を、「クミの郷」とか「与力《よりき》の郷」といった。ただし、与力とか合力といっても、無償の奉仕をしたのではなく、⑦で明らかなように、兵粮の提供はもとより、酒の振る舞いから、犠牲者への補償にいたるまで、助けてもらえばタダでは済まなかった。

時には、まわりの村々が共同で、争いの「中人《ちゅうにん》」として仲裁にも入った。「異見《いけん》」とか「判《はん》状《じょう》」と呼ばれた、村々の共同の裁定書には、よく「この旨、ご同心《どうしん》なく候わば、中違《なかたが》い申すべし」(『山本順蔵氏所蔵文書』)と明記された。「中違い」とは「つきあいはずし」の制裁をいい、もし調停を聞かないと、仲間(クミの郷)はずれにする、というのである。こうした地域の広く固い結びつきは、むしろ地域ぐるみの山や水のナワバリ争いの、対立と協力の中から育っていた。

犠牲と身代わり

たとえ村の合戦でも、戦えば犠牲が出る。村はそれにどう対処したか。ことに中世末には、その生々しい例が多い。たとえば天正《てんしょう》十七年(一五八九)の夏、琵琶湖の東にある中野村(滋賀県長浜市）が、近くの青名《あおな》・八日市《ようかいち》の村々と、水田に引く用水の争いから、武器を使った殺傷事件（刃傷沙汰《にんじょうざた》）を起こし、ついに死者を出した。関係した村々はみな、豊臣秀吉から罪を問われ、村ごとに一人ずつの代表（名代《みょうだい》）を出して、刑をうけることになった。

中野村では小百姓の清介《せいすけ》という男が、なぜか犠牲者に指名されてしまった。死刑を免れないと知ったこの男は、岩女という幼いひとり娘の将来を村に託し、いくつか条件をつけたらしい。村はその願いを容れ、つぎのような二通の証文を、その娘に書き与えた（『清水淳氏所蔵文書』）。

①彼《か》の跡職《あとしき》、ならびに娘の儀、惣村の人、心を相副《あいそ》えて、養育せしめ、疎略《そりゃく》仕る間敷《まじ》く候。

②清介かかえの田畠に、夫役《ぶやく》の儀、永代《えいだい》に惣村中より、除き申し候。

①は、幼い娘は成人するまで惣村で養育し、その田畠や屋敷も、それまで村預かりで維持する、という。②は、田畠を基準に割り当てられる夫役は、末永く村で肩代わりする、という。こうした犠牲者への補償や、村仕事の肩代わりの仕組みは、もとから村に備わっていたものに違いない。犠牲者が出るのに備えて、村があらかじめ補償の条件を定めておく、という例もあるからである。

たとえば、文禄《ぶんろく》三年（一五九四）の春、同じ近江《おうみ》の岩倉村（滋賀県近江八幡市）で取り決めた、「中さだむる条々」という村掟が、そのよい例である（「岩倉共有文書」）。

在所《ざいしょ》ノしせつ（使節に）行（き）、万《まん》ニ一《ひと》ツ、下し人（解死人《げしにん》）タチ候人《ひと》ハ、そのそうにやう（惣領）一人ハ、万年、まんざうくじ（万雑公事）五めん（御免）たるべく物也《ものなり》。

村どうしの争いが起きた時、敵方の村へ危険な交渉に行って、もし万一、解死人（村の身代わり）になって殺されたら、その者の跡取り息子（惣領）には、雑税（万雑公事）を村として長く肩代わりしよう、と。村が、予想される犠牲にそなえて周到な補償の仕組みを作り上げていたことは、まず疑いないであろう。

だが、こうした村の犠牲者選びの内情を暴く、驚くべき証言もある。

その一例は、天正二十年（一五九二）の日照りつづきの夏のことである。摂津《せっつ》の鳴尾《なるお》村と河原林《かわらばやし》村（ともに兵庫県西宮市）の間の深刻な用水争いは、近隣の多くの村々をまきこみ、ついには、弓・鑓《やり》・馬を繰り出す、村どうしの激しい戦闘になった。やがて豊臣秀吉から、村が勝手に戦争をした罪を問われ、関係した八十三人がはりつけにされる、という騒ぎになった。

その時、それぞれの村を代表して処刑されたのは、意外にも、村々の村長にあたる庄屋自身ではなく、村に養われていた乞食たちが、その身代わりに立たされたという。その犠牲者の一人だった乞食の仁兵衛《にへえ》は、自分が庄屋の身代わりになる代わり、自分の子孫たちを、末代まで村の執行部に加えてほしいと、村の中での身分の扱いを高くするよう要求し、村（惣中）から保障の証文をもらっていた（『岡本俊二氏所蔵文書』）。

またこれは、江戸時代のはじめ、慶長《けいちょう》十二年（一六〇七）夏のことである。村々の草刈り場のナワバリ争いがもとで、殺傷事件が起きてしまい、手を出した方の村の罪が問われた。その時、村の身代わりに立った彦兵衛《ひこべえ》も、村では仲間はずれにされた、身分の低い男だったらしい。彼はせめて息子の黒丸《くろまる》のために、名字《みょうじ》が欲しいとか、村人たちの信仰や楽しみの集まり（伊勢講《いせこう》やお日待《ひまち》など）の仲間にも入れてほしい、などと要求したという（『人見惣一氏所蔵文書』）。

このように、いつも武装し、厳しく身構えていた中世の村は、戦いの犠牲にそなえて、犠牲者の遺児を養育し、田畠の耕作を維持し遺族に補償し課役を肩代わりするなど、じつに多彩な補償や報奨のシステムを作り上げていた。それでこそ、村は一つになって戦えたのだと、納得がいく。

だが、戦う村には、深い闇の部分もあった。中世の村は、イザという時の身代わりに備え、村の「犠牲の子羊《スケープ・ゴート》」を、ふだんから村で養っていた様子である。その多くは、名字もなく、ふだんは村の集まりにも入れない、乞食などの身分の低い人々や、牢人と呼ばれた流れ者たちであったらしい。

御伽草子《おとぎぞうし》の「物くさ太郎」は、ふだん村に養われていたばかりに、村人の嫌がる都の勤めを負わされ、村から旅費をもらって、一人で都へ旅立った。この「物くさ太郎」にも、村の犠牲者の面影がある。

戦国大名と村の動員

村の徴兵台帳がほしい

十六世紀になると、各地に有力な戦国大名があいついで登場してくる。それまで厳しい中世の社会を、自力で戦ってきた村々は、その大名たちといったいどんな関係を結んでいたのか。

ここでは、戦国大名北条氏の国を訪ねてみよう。この北条氏は、戦国でも最強の大名の一人とみられ、相模《さがみ》の小田原城（神奈川県小田原市）を拠点に、伊豆《いず》・相模・武蔵《むさし》・上野《こうずけ》はじめ、関東のほぼ過半を支配していた。

永禄《えいろく》十一年（一五六八）の初冬、その北条氏は、武田信玄に領国を襲われるという危機に直面すると、領内の村々に緊急の指令を次々に出した（『井上文書』）。

敵動《はたら》くよし候あいだ、……十五已前《いぜん》、六十已後《いご》の男、悉く書き立て、申し上ぐべし。

敵が侵入作戦をはじめたようだ。村に住む十五歳から六十歳までの、すべての成人男子を、名簿にのせて報告せよ。早く徴兵台帳がほしい、というのである。

この指令は「人改《ひとあらた》め」と呼ばれ、やがて翌年、その狙いは、村（郷）ごとに次のように説明された。ていねいな説得の口調が印象的である。かなり長文なので、段落ごとに①〜⑦に区切ってみよう（『富士浅間神社文書』『江成文書』）。

一、当郷人 改《ひとあらため》の儀、

①信玄、相（相模）、豆（伊豆）、武（武蔵）の間へ、来年出張候わば、一途《いちず》に一戦を遂《と》ぐべきこと、人数に相極《あいきわ》まる間、

②御扶助《ごふじょ》の侍、悉く一頭（一統）に召仕わるべし。

③其《そ》の時は、三ケ国の城々の留守、不足たるべし。来年是非の弓箭たるべき間、

④御出陣の御留守番、其の模寄《もよ》りの城、仰《おお》せ付けらるべく候。

⑤在城《ざいじょう》の間は、兵粮下さるべく候。

⑥御国にこれ有る役、一廻、走り廻るべきこと。
一、⑦さかしく走り廻るに候わば、望みに随《したが》って、何様《いかよう》の儀なり共、仰せ付けらるべきこと。

①もし今度信玄が北条領（伊豆・相模・武蔵）へ攻めてくれば、決戦を交えるには、大きな戦力が必要になる。まず、②大名から領地をもらっている武士（御扶助の侍）は、こぞって前線に出動させる。③そうなると、わが領域内の城はどこも留守になって、防衛の手が足りなくなる。来年は決戦が必至だ。だから、④村人もそれぞれ最寄《もよ》りの城を守り、しっかり留守番をしてほしい。⑤その代わり、籠城《ろうじょう》のあいだの兵粮は支給する。⑥どうか国民のつとめ（御国にこれ有る役）だと思って、ひと働きしてほしい。⑦働き次第では、望み通りに褒美も出そう、というのである。また別の指令では、村人を動員する期間は、一人につき二十日間だけに限る（侍、凡下共に二十日雇い）、ともいっていた。

「国が危ない、どうか村人も後方で助けてほしい」、これが、日本屈指と評される大戦国大名の言葉だと、信じられるだろうか。意外にも、それまで戦国大名は、村人を戦争に駆り出すのに必要な、村ごとの徴兵台帳など、まったく握っていなかったのだ。大あわての「人改め」指令は、そのことをはっきり示している。

それどころか、大名から領地も与えられていない、大名に何の義理もない村人を、村や地域の防衛ならともかく、大名の戦争に駆り出すなど、とんでもないことだというのが、この時代の通念だったらしい。だからこそ大名は、「御国の御大事」とか、「第一に御国（大名）のため、第二に私（村人）のため」などといって、けんめいに危機を強調し、ていねいな説得につとめた。

つまり、大名が村人を兵として動員できるのは、よほどの危機だけに限られたらしい。しかも、それには、村人を動かせるだけの、十分な説得力とたしかな合意が必要だった。動員はわずか二十日間、それも安全な後方の城の留守番だけ、もちろん兵粮も恩賞も出す……と。

動員の予行演習

徴兵台帳作りの調査（人改め）指令ののち、あいついでこんな指令が出る（『新編武蔵国風土記稿』）。

①明日十八日、滝山（東京都八王子市）御陣において、御着到これあり。得道具《えどうぐ》を持ち、未明に集まるべし。道具これ無き者は、手振《てぶら》にても参るべし。この着到に付かざる者は、頸《くび》を切らせらるべし。

明日の明け方に、めいめい自前の武器（得道具）をもって、滝山の陣に出頭し、出席簿（着到）に名前と武器の種類を載せてもらうように。もし手もちの武器がなければ、手ぶらでもいい。出てこないと頸を切るぞ、というのである。また地域によっては、次のような指令が出たところもある（『新編武蔵国風土記稿』）。

②公方検使《くぼうけんし》の前にて、着到に付き、罷《まか》り帰るべし。小代官《こだいかん》、百姓頭《ひゃくしょうがしら》、同道《どうどう》いたし、罷り出るべし。

③着到に付く時、似合《にあい》に持つべき得道具を持ち来《きた》り、これに付くべし。また、弓、鑓《やり》の類《たぐい》、持ち得間敷《えまじ》き程の男は、鍬《くわ》、鎌なり共、持ち来るべき事。

それぞれ手もちの武器をもち、村役人が村の成人男子を引き連れ、大名の役人のところへ出頭し、出席簿（着到）に名前と武器を登録してもらったら、村に帰ってもよい、と。軍事演習さながらの緊張はあるものの、これは出頭した村人たちの名簿に、村人の名前と手もちの武器の種類を記入し、本番にそなえて徴兵台帳を作るだけであった。①では「出てこないと頸を切るぞ」と脅かしてはいたが、登録に出頭せよというだけで、実際の動員ではなかった。

先にみた室町時代に山法師の落人狩りを要請された京郊の伏見荘では、村人らが荘の鎮守に

「半具足」の軽武装で集結し、出席を確認する「着到」を、自分たちで付けていた。そうした村の戦いの習俗を、戦国大名がうまく取りこんで、じかに村の軍事能力を掌握しようとしていたことになる。やはり武器は百姓の自弁がたてまえだが、兵粮は大名もちであった。これも十四世紀に悪党の襲撃に対抗した矢野荘の例と同じで、村の軍事の習俗が、ここでもしっかりと生きていた。

大名のこうした模擬動員令は、自前の弓や鑓のない者は、鍬や鎌でもよく、手ぶらでもいい、分に応じた武器（似合に持つべき得道具）を、といっていた。「似合に」という以上、村の中にも、身分によって、カタナサシとかカマサシというように、身につける武装にも格差があったらしい。ともかくもさまざまな身分の村人を集めた、村の徴兵台帳がほしい、というのである。

徴兵の現実

では、実際の動員の仕組みは、どうなっていたか。村（郷）にあてた徴兵指令の一例を、三か条だけあげよう（『塩野文書』ほか）。

①一、当郷《とうごう》において、侍、凡下を撰《えら》ばず、自然《じねん》、御国《おくに》御用の砌《みぎり》、召仕《めしつか》わるべき者を撰び出し、其《そ》の名を記すべき事。但《ただし》、二人。

②一、この道具、弓、鑓、鉄炮《てっぽう》、三様《さんよう》の内、何成《なんな》り共、存分次第《ぞんぶんしだい》。但、鑓は竹《たけ》の柄《え》にても、木の柄にても、二間《にけん》より短かきは、無用に候。

③一、よき者を撰び残し、夫《ふ》（人夫）同前《どうぜん》の者、申し付け候わば、当郷の小代官、何時も聞き出し次第、頸を切るべき事。

①この村の兵の割り当ては二人とする。村人の身分は問わぬ。ともかく実戦の役に立つもの（召仕わるべき者、よき者）を選抜して差し出せ。②用意すべき装備は、弓・鑓・鉄炮のどれかに限る。鑓のばあい、柄は竹でも木でもいいが、長さは二間（三・六メートル）以上とする。③もし精兵を出さず、役立たずの人夫風情の者（夫同前の者）など出せば、村役人（小代官）はただちに死刑だ、というのである。日雇いの「夫同前の者」に対するひどい差別観が気にかかる。そういえば、狂言の太郎冠者も、主人から「人夫にでも首をとられそうな奴」（いくじなしめ）と悪口をいわれていた。

予行演習であった「人改め」や「着到」の時は、まるで村人を根こそぎ動員しそうな勢いだったが、いざ実際の徴兵となると、はっきりと少数精鋭主義に転じ、自弁の武器にも、「手ぶら」どころか、厳しい注文をつけた。現実の村の徴兵は、決して「根こそぎ」ではなかったことになる。

ことに、①の「但、二人」が重要である。これが、その村に割り当てられた兵の実数である。よその村の徴兵ぶりも調べてみると、どうやら、村の大きさによって、村高《むらだか》（村の納める年貢額）二十貫文ごとに一人、という基準で割り振られたらしい。たとえば、村高が五十二貫文の村は兵を二人、八十貫文の村は四人、百六十貫文の村は八人、という割り当てになっている。これは、大普請《おおぶしん》（領域の河川や城の修築）の時の人夫の割り当てと、まったく同じ基準であった。

ところが、平時に大普請に人夫を出させるのと同じ動員システムだったことが、「なんだ人夫並みでいいのか」と村人を安心させ、大名の徴兵を骨抜きにしてしまったようだ。兵の徴発も、ふだんの時の力仕事並みに、誰でも適当な人を出せばいいらしい。そう考えて、村々では有力な家の働き手の「よき者」を出さず、日雇いの「夫同前の者」を身代わりに雇って、兵に出そうとした。

人夫なら出すが兵は出せぬ。そもそも軍事つまり領域の危機管理は、もともと領主の責任ではないか。それが村人の本音であった。それどころか、じつは大名自身も、きっと村の徴兵は骨抜きにされるに違いないと予測していたらしい。もし「よき者」を出さない時は、村役人の頸を切るぞ、と徴兵のはじめから厳しく警告していたのが何よりの証拠である。

隣の武田領の徴兵事情は、もっとひどいものだった。

これよりのち、三河《みかわ》の長篠《ながしの》で織田・徳川の連合軍に大敗すると、天正五年（一五七七）に武田氏は領内の村々に「当家滅亡」の危機を訴え、一人あたり二十日間の出陣を頼む。もし「武《ぶ》勇《ゆう》の輩《ともがら》」を出さねば処刑するぞと、村々に厳しく精兵の動員を求めていた。だが村々では、どうせ武士（軍役衆）の補充にされるだけだ、割り当ての員数だけ出せばいいのさと、「夫丸《ふまる》」ばかりを兵に出した。その結果、武田軍は役立たずの人夫ばかりだと、敵にも味方にも噂されるありさまで、状況はほとんど絶望的であった（『朝倉文書』ほか）。

領域の城とつきあう

のち、戦国の世の終わりに、豊臣秀吉軍との戦いの危機が迫ると、またも大名の北条氏は、信玄との戦いの時と同じように、最寄りの城の留守番をと、村々にけんめいな呼びかけをはじめていた。そもそも村々と地域の城は、どんな関係にあったのか。

たとえば、天正十五年（一五八七）の初冬、北条氏の有力な支城の一つ、武蔵の岩付《いわつき》城（埼玉県さいたま市岩槻区）の城主だった北条氏房《うじふさ》は、秀吉軍の侵攻に備えて、領域の村々に、壊れた曲輪《くるわ》の塀《へい》を修理せよ、と命じた。その仕組みは、次のようになっていた（『武州文書』）。

①二間《けん》二尺《しゃく》八寸《すん》　塀、何時も、破損に付ては、請取《うけと》り候所、修覆《しゅうふく》致すべし。

②六間　塀、何時も、請取り候所、破損に付ては、修覆致すべし。

この村に割り当てる城の塀の受けもち分は、村の大きさによって、二間二尺八寸、あるいは六間とする。もしその受けもち範囲が破損したら、そのつど修理せよ、というのである。

村ごとに村高に応じて、それぞれ受けもちの範囲は違うが、塀のどこからどこまではどの村のもち分と、村のもち場（請取り候所）は固定して決められていた。村々から大勢の人夫をかき集めて、単純な労働にこき使おうというのではなく、日常の自発的な城の修理が、村々に委ねられていたのである。

相模にあった北条氏の支城の一つ玉縄城《たまなわ》（神奈川県鎌倉市）では、この仕組みを「末代請《まつだいうけ》切《きり》」といった。

たとえば、永禄六年（一五六三）の夏、玉縄城の塀の普請は、村高十六貫文につき一間の割で、「五間八十貫（貫文）役《やく》、田名《たな》（同相模原市）この請取、中城《なかじろ》」という風に、村ごとに細かく割り振られていた。村高が八十貫文だった田名村の場合、割り当ての範囲は五間（約九メートル）で、工事のもち場は城内の中城のところだ、という意味であろう。

このもち場で、城の塀を造るために、村は自前で木・竹・縄・萱《かや》・俵を用意し、石と赤土をよく突き固めて、厚さ八寸（二十四センチ）の塀を造れ、かかった費用は、後で村の年貢などから控除する、というのである。城普請の経費は、原則として大名が負担すべきものであった。

工事の終わった後の補修も、村の末代請切になる。同じ文書にはこうある。

一、大風の後は、奉行人の催促に及ばず、其の郷の者来りて、塀の覆《おおい》の縄結び直しを致すべし。此の塀、末代請切りに致す上は、少しも雨にあたらざる様に、節々《せつせつ》、覆の縄結び直しを致すべき事。

大風の吹いた後も大雨の日も、村のもち場は大丈夫かどうか、いつも村々で城の状態に気配りをせよ、という。村に近い領域の城の補修、すなわち大名の城のメインテナンスは、まさしく「村請け」で、日常の保守（末代請切）と、五年ごとの大改修（大普請）、というシステムによって支えられていた。城の工事といっても、村人を大量に徴発し、奴隷のように働かせる、というのではなかったし、費用も大名もちであった。

仕事のもち場を村ごとに分担するシステムは、もっと早くからあったようだ。たとえば、大名北条氏の力で再建されたばかりの鎌倉の鶴岡八幡宮のため、天文《てんぶん》十三年（一五四四）の夏、北条氏は「社中法度」でこう取り決めていた（『鶴岡造営日記』）。

一、掃除すべき在所《ざいしょ》……一度打渡《うちわたし》候所を、末代《まつだい》共に請取に可致之事《いたすべきのこと》。

八幡宮の広い境内を掃除するもち場を、鎌倉七郷に割り振って、末代までの請切にする、というのである。戦国の神社も城も、鎌倉時代に「修理は百姓の大営《だいえい》なり」とされた、荘園の政所《まんどころ》と同じように、村々の力に頼って維持されていた。そもそも領域の城や大社といえば、権力の牙城のはずである。いったい、村々とのこんな緊密なつながりが、なぜ生まれたのか。

戦火の中の「かけこみ寺」

北条氏の手で、この八幡宮の再建が進む天文四年(一五三五)十月、敵の上杉朝興《ともおき》軍に襲われ、北条方の湘南の村々が、みな火の海になった日のできごとである。戦火に逃げまどう鎌倉の町の様子を、八幡宮の社僧が「みなもって宮中に逃げ籠る」と書き留めていた。鎌倉の人々は、だいじな食糧や家財(俵物)を担いで、こぞって八幡宮の境内に戦火を避けた、というのである。

この記録『快元僧都記《かいげんそうずき》』によれば、これより二十年あまり前、永正《えいしょう》九年(一五一二)に、小田原城の北条早雲がはじめて鎌倉に攻め込んだ時も、人々は同じような避難の行動を取っていた。戦乱のあいついだ中世の社会では、イザという時にそなえて、家財を安全な場所に預ける習俗が広く行われ、預物《あずけもの》とか隠物《かくしもの》と呼ばれていたことは前章でも触れた。

ところが、天文四年に、北条氏の家来たちは、鎌倉中から神社に運び込まれた大量の食糧や家財に目をつけ、これに保護税をかけようとした。八幡宮側は強く反発した。境内に逃げ込んだのが敵領（敵の下地《したじ》）の百姓ならいざ知らず、みな自分の領民（御成敗《ごせいばい》の地の者）だ、大名が自分の領民を守るのは当たり前ではないか、と。

こうしたできごとからみて、イザ戦火が迫ると、鎌倉の人々は決まって、八幡宮に家財もろとも難を避け、神社もこれをけんめいにかばおうとした。鎌倉七郷の人々はふだん八幡宮境内の清掃を割り振られ、神社のために奉仕していたが、それは八幡宮がイザという時、自分たちの生命や財産を守ってくれる、大切な避難所だったからに違いない。

八幡宮ばかりではなく、次にみるように、鎌倉の大きな寺々も、同じような避難所の役割を果たす、鎌倉びとの「かけこみ寺」となっていた。それは、中世の地域の寺社が、「敵味方きらいなき公界」などといわれて、敵軍も襲うのをためらう、いわば侵すことのできない神聖な中立地帯であったからであろう。

ところが、戦国の終わりになると、こうした中立地帯の事情が大きく変わる。豊臣秀吉の侵攻が避け難いという形勢になると、軍備を強化しはじめた北条氏は、鎌倉の寺々に向かって、こう命令していた（『建長寺文書』『妙本寺文書』）。

寺中に兵粮指し置かる儀、停止せらるべく候。玉縄へなりとも、小田原へなりとも……。

鎌倉の寺々に、町の人々が食糧（兵粮）を預けることを、いっさい禁止する。もし保護を望むなら、すべて大名の城（玉縄城か小田原城）へ運びこめ、と。戦国大名は寺社が中立地帯や「かけこみ寺」の役割を果たすことで、いわば治外法権になるのを嫌って、民衆の財産の保全は大名が一手に引き受ける、と宣言したのであった。民衆の生命や財産を守るのは大名だけなのだ、というわけである。

たしかに大名の城は、領域の人々の生命を守る、民衆の避難所の役割を強めるようになっていた。豊臣秀吉軍の来攻という非常事態に、籠城《ろうじょう》策を決めた北条氏は、支城の一つ上野の厩橋《うまやばし》城（群馬県前橋市）あてに、こう指令していた（『後閑文書』）。

百姓等は、作式（耕作）のため在郷、異儀《いぎ》あるべからず候。敵てだて（攻撃）の砌《みぎり》にいたらば、何時も此方《こなた》より申し断るべきあいだ、その時は、（百姓を）ことごとく厩橋（城）へ入れ置くべきこと。

領域の村人は、耕作の仕事をするため村に留まっていても構わない。だが、もし敵が攻めてきたら、直ちに指示に従い、すべて厩橋城に避難させよ、というのである。この仕組みは早くからあったようで、もっと前にも、戦いが終わった時、厩橋城に避難していた者は早く村に帰れ（厩橋にこれある当郷の百姓、早々、郷中へまかり帰すべし）と指示していた（『牛込文書』）。

だから、天正十八年（一五九〇）の夏、ついに秀吉軍が北条方の領域に侵入すると、北条方の城はこんな事態になっていた（①『浅野文書』、②『加能越古文叢』）。

①〈小田原城で〉人数（軍勢）二、三万も、構内（小田原城大構《おおがまえ》）に相籠め、その上、百姓、町人その数を知らず。

②〈岩付城で〉何《いずれ》も役に立ち候者は、はや、みな討死《うちじに》いたし候。城の内には、町人、百姓、女以下より外《ほか》は、御座《ござ》なく候。

戦場となった領域の城には、「人数」（軍隊）、「役に立ち候者」（正規の戦闘員）のほかに、無数の村や町の住民（百姓、町人、女性）が籠っていた。食糧や家財だけでなく、村人自身もともども、最寄りの城に避難していたのであった。

村が戦場になって、百姓たちが逃げまどう（弓矢の巷《ちまた》について、分国《ぶんこく》中、何方《いずかた》へ落散《おちさん》ず）ようでは、大名の面目が立たぬ。村々の最寄りの城は、こうした戦いの時にのぞんで、地域の人々の生命・財産の安全を保障できなければ、大きな顔をしてはいられなかったのだ。こうした城のあり方について、ある宣教師は九州で目にしたことをこう書いている（『十六・七世紀イエズス会日本報告集』）。

町といわず村といわず、その住民は、（戦争が起きると）近くのもっとも安全で堅固な、城塞《じょうさい》に引籠《ひきこも》る以外に、救われる道はなかった。

戦争のあいつぐ九州の城でも、事情は同じことであった。

いま城郭史の成果は、戦乱のことに激しくなった戦国の終わりころ、大名の城では、惣構《そうがまえ》とか大構《おおがまえ》と呼ばれる外郭が、しだいに大きく拡張された、という事実を、次々と明らかにしている。イザという時、領域の城によって人々の生命財産を守るのが、領主の責務と考えられ、そのため、次第に大きな城の空間が求められるようになった結果に違いない。

耕作をいかに守るか

北条氏は、食糧はすべて領域の城に移せ、と指示しながら、春の種まきころにはきっと村に返す、とも約束していた。また、こうもいった（『原文書』）。

敵の小旗《こばた》の先迄《まで》も、郷村《ごうむら》には、人民しかとこれなくして、叶《かな》わざる子細《しさい》に候間《あいだ》、彼等《かれら》の時の食物に至りては、指置《さしお》かずして、叶わず候。此処《このところ》、こまかに分別《ふんべつ》候て、申付《もうしつ》くべき事。

たとえ敵が攻めてきても、村人には何とか耕作をつづけてもらわねばならぬ、村の食物の確保には細心の配慮をせよ、と。また、こうもいう（『称名寺文書』ほか）。

当作致《とうさくいた》す儀、程ある間敷《まじ》き間、種《たね》、夫食《ふじき》をば、郷々《ごうごう》に指置《さしお》き、作致《さくいた》すべきの事。

今年も、春の種まきが近い。村々には、作物の種と農作業の食糧を、しっかり確保せよ、と念を押した。春にまかなければ秋の収穫はゼロという、厳しい自然の掟は、たとえ戦時でも、無視はできない。

ことに中世では、春にまく種と、夏の野良《のら》仕事の食物を、年ごとに農民に給付したり貸し付けたりする、種子《しゅし》・農料《のうりょう》の下行《げぎょう》（給付）や出挙《すいこ》（貸し付け）は、勧農《かんのう》といって、領主の果たすべきもっとも大切な責務とされていた。そうしなければ領主は、村人から秋の年貢を取れなかったのだ。「種・夫食をば、郷々に指置」けという指示に、戦国大名の領主としての素顔がのぞく。

しかし村人も大名のいいなりには動かない（『小出文書』）。

敵味方の押合《おしあい》に付いて、作付《さくつけ》候苦労、水になる模様にこれありてはと、未来の善悪《よしあし》を察し、当作致す間敷き儀、曲事《くせごと》……。


敵に襲われれば、せっかくの苦労も水の泡さ、今年も耕作はとても無理だ、と村人はあきらめ、大名の方はどうにか作付けしてほしいと焦る。しかし「郷村放火、方々へ逃散せしめ……」というように、火の海になった村では、耕作どころか、百姓たちは散りぢりになってしまう。

村が戦場になっても、耕作を守ろうと願う以上、兵粮の没収どころか、村人の「根こそぎ動員」も、村の働き手＝「よき者」の徴兵も、はじめから無理なことであった。村が戦場になる危機の時こそは、村人を守る領主の力量が、厳しく問われる瞬間であった。

制札＝安全保障のコスト

戦いになっても、もし味方が不利だとみれば、村はあっさり領主を見限り、敵軍に大金を贈って、村の保全を求め、こんな制札《せいさつ》＝禁制《きんぜい》を手に入れた。

禁制　　某村

一、軍勢、濫妨《らんぼう》、狼藉《ろうぜき》のこと、

一、放火のこと、

一、田畠を苅取ること、

いったん村が戦場になれば、敵軍は村々を制圧したしるしに、村々を焼き払い（放火）、田畠の作物を刈り取り（苅田《かりた》）、食糧や家財を奪い（狼藉）、人々をみさかいなく捕らえ（濫妨）、奴隷にしたり、釈放と引き換えに身代金を取ったり、また人買《ひとかい》に売りとばしもした。

平和な世の中でなら、死刑に当たる大罪とされた、人殺し・作荒らし・放火も、「敵地」の戦場でなら、公然と野放しだった。それをなんとか免れようと、攻めてきた敵の軍隊から、村々は必死にこの禁制を買い求め、敵の「味方の地」になって、兵士たちの暴行を免れようとした。しかし、それは味方の大名への敵対を意味する。もし敵が負ければ、味方に復讐されるだろう。戦いのさなか味方と敵のどちらが優勢かを、いち早く的確に判断するのも、村の長老たちの大仕事であった。

前章の日根荘の例でもみたが、制札を買う代金や手数料を、制札銭《せいさつせん》といい、判銭《はんせん》（大名の朱印＝ハンコ代）や取次銭《とりつぎせん》（取次役人の口利き料）から筆功《ひっこう》（秘書役の書き賃）まで、合わせるとそれは巨額にのぼった。十六世紀のはじめ頃、戦火せまる播磨の、鵤荘《いかるがのしょう》（兵庫県太子町）では、制札を書いてもらった礼に、十三貫七百文（一文銭で一万三千七百枚）もの銭を払っていた。

制札銭が高額にのぼって、村々の負担があまりに大きくなったため、のちに豊臣秀吉は「御制札御判銭の掟《おきて》」を定め、自軍の部将たちに、制札銭の金額を限ったほどである（『妙法寺文書』）。それでもなお、制札一枚について、大きい村なら、判銭だけでも、三千二百枚もの銭を払わなければならなかった。

敵に納めるのは、制札銭ばかりではなかった。

北条氏の領地箱根の底倉《そこぐら》村では、秀吉の軍が攻めてくると、村人はみな追い散らされてしまった。しかし村長役をつとめる村の「きもいり」が、けんめいに豊臣軍と交渉して、秀吉から「百姓に濫妨すべからず」という、三か条の禁制をもらって帰った。ところが、またすぐに軍の役人に呼び出された。「関白様のお馬の飼料《かいりょう》を出せ」、というのであった。やむなく、近くの山小屋に避難していた隣村から、十俵もの大豆を借りて納め、そのお陰で、どうにか村の安全は保たれ、逃げていた村人を呼びもどすこともできた、という（『安藤隼人置文』）。

制札をもらって略奪を免れても、今度は課役が待っていた。だが、いったん敵軍から禁制をもらえば、その味方の村になったことを意味し、領民になれば課役を勤めるのは当然であった。

それでも村はなんとか無事ですむ。

ただし、安全保障の制札といっても、それをもらえば自動的に村の平和が実現した、というわけではなかったことはすでに述べた。戦国期の制札の多くは、その文末に「もしこの制札に違反する軍兵があれば、村の自力で逮捕・連行せよ」と付記されていたのである。

敵の兵士が村に押し掛けてきたら、その軍から手に入れた大名の制札を示し、もしだめなら、村の実力で兵士の濫妨を排除せよ、というのである。もし濫妨する軍兵に抵抗しても、制札があれば敵対の罪には問われないですむ。実際に軍の濫妨を排除できるかどうかは、あくまでも村の実力次第とされていた。

それにしても、各地の村々や寺社などに残る制札や禁制は、戦火の中の村々が、多くの犠牲を払って必死に自分の村を守りぬいた、名誉ある記念碑なのだ。

戦いの後に

村をどう復興するか

激しい戦いが終わって敵領を制圧すると、新しい大名は村々に、決まってこんな制札を交付した(『長良神社文書』)。

禁制　　高根の郷

①一、みぎ、当郷の百姓、早々《そうそう》に還住《げんじゅう》せしむべし。
②一、軍勢、甲乙人《こうおつにん》等、濫妨、狼藉、堅く停止し畢《おわんぬ》……。

どの制札も、文言はほぼ共通である。①還住といって、もとの村に帰り住むことを人々に保障し、②自軍に狼藉を禁じて、村人に安全を約束する、という。

この禁制は、よく村人に帰住を強制する命令だといわれるが、そうではない。先にみた通り、中世で制札といえば、もともと村側の求めで、大金と引き換えに交付されるもの、と決まっていた。だから、ここで、村人の還住を保障せよと命じられているのは大名の軍隊の方である。自分の村へ帰るのに、そんな手続きが必要だったのは、たとえ戦火を逃れるためにせよ、ことわりなく村を出れば、大名に反抗して村を捨てたとみなされたからであった。

では「還住」はどのように実現されたか。秀吉がまだ羽柴といっていたころの制札がわかりやすい（『称名寺文書』）。

今度、赦免《しゃめん》せしめ、召返《めしかえ》す上は、尊勝寺郷《そんしょうじごう》へ還住あり、居《い》（屋）敷《しき》、寺領《じりょう》、家来《けらい》等、先々《さきざき》の如く、申し付くべき者也。

敵方に味方した罪を赦《ゆる》（赦免）して、村へ復帰すること（召返）を認めよう。村にもどって住みつき（還住）、屋敷・寺領・家来等をもと通り自分のものにしてもいい、という。

また、天正十三年（一五八五）春、紀伊の雑賀《さいか》一揆を破った後、太田城に百姓が避難していたのを村に帰すのに、秀吉の軍は「召直《めしなおし》」といって、こんな「還住」の措置を取った（『太田文書』）。

一、兵粮《ひょうろう》類の事、
一、鋤、鍬の事、
一、鍋、釜の事、
一、家財の事、
一、牛馬の事、
右、道具幷《ならびに》小屋を取らせ、其在々《そのざいざい》へ、如先々《さきざきのごとく》、可返遣者也《かえしつかわさるべきものなり》。

戦いに敗れて落城した後、城を出る時は、食糧も、鋤鍬も、鍋釜も、家財も、牛馬も（武器以外はすべて）、村々にもち返って、もとの家（小屋）に住むことを保証する、という。この指示を裏返すと、村人は近くの城へじつにさまざまな物をもって避難していたことが、よくわかる。ここでも、召直と還住が許され、家財・農具・家畜・屋敷・田畠などが、もと通りに返されていた。こうした大名の還住の措置も、その源流は村の習俗にあった。

罪を犯して村を追われていた親子を、今度の秋には村に復帰させようと話がまとまった時、戦国の近江菅浦の村では、こんな念書が作られていた（『菅浦文書』）。

源三郎父子、還住に付て、次第の事、
当秋、めしなおし申すべく候。それに就いて、家、同じく屋内の諸道具、別儀《べつぎ》なく渡し申すべく候。この外《ほか》、源三郎親子、自分の一職《いっしき》の儀は、別儀なく、相渡し申すべく候。

「召直」して村へ「還住」させるについては、もとの家・家財道具や、自作の田畠（一職）は、いっさい親子に返してやろう、というのである。もともとは、罪を犯した者を村から追放するのが「召放《めしはなち》」で、その罪を赦すのが「召直」、村に戻すのが「還住」で、その時には、家も家財も田畠も、みな元通りに返してやる。それは、中世の村の安定をはかるために、広く行われた習わしであったらしい。

だから戦場の村を制圧した新しい大名は、こうした村の安堵の習俗を土台に、「召直」によって、敵対して村を出た罪を許し、「還住」によって、家も家財も田畠もみな元通りに保証した。新しい大名にしても、すばやく「領域の平和」を保障しなければ、村々から信頼され、領主として認めてもらうことなど、とうてい叶わなかったのであろう。

天下一統=惣無事令=秀吉の平和

ひとたび確立した大名の「領域の平和」も、よその大名に襲われ国境を破られればあっけなく崩壊し、領内の村々はたちまち火の海となる。もろい危機管理と、たえまない戦いの惨禍。しかし、その繰り返しの中から、やがて新しい歴史の方向が、たしかな形をとって現れてくる。「領域の平和」を「一国の平和」に、地域から全国へ平和をおし広げることで、究極の危機管理を実現し、領主階級の地位をより安定したものにしようというその動向は、世に「天下《てんか》一統《いっとう》」と呼ばれ、秀吉の全国統合の政策をつらぬく基調となった。

天正十三年(一五八五)秋、関白になったばかりの秀吉は、九州の戦国大名たちに向かって、こう発令した(『島津家文書』ほか)。

九州のこと、今に鉾《む》楯《じゅん》の儀、然るべからず候条《くだり》、国郡境《こくぐんさかいめ》目相論《そうろん》、互いの存分の儀、聞召《きこしめ》し届けられ、追って仰せ出（裁定）さるべく候。先ず、敵味方とも双方、弓箭を相止むべき旨、叡慮《えいりょ》（天皇の意向）に候。

九州全域でただちに戦争（鉾楯・弓箭）を止めよ。大名どうしの領土紛争（国郡境目相論）は、後で互いのいい分（存分）を聞いて、秀吉が裁定する。これは天皇の命令だ、というのである。

ついで翌天正十四年の春、今度は関東・東北の戦国大名たちに向かって、こう指令した（『上杉家文書』）。

早々、無事の段、馳走肝心《ちそうかんじん》に候。境目等のこと、当知行《とうちぎょう》に任せ、然るべく候。双方、自然、存分あるにおいては、返事により、（監察の）使者を差し越すべく候。

ともかく平和（無事）の実現につとめよ。大名どうしの領土の境界（境目）は、現状（当知行）を尊重し、もし大名たちにいい分（存分）があれば、よく聞いて秀吉が裁定する、と。

秀吉はこの政策を「関東・奥両国まで惣無事《そうぶじ》の儀《ぎ》」といい、のち徳川家康にその執行を委ねた。秀吉によるこれら一連の「大名の平和」政策を、「惣無事令」と呼ぶことにしよう。

さらに秀吉は、天正十六年（一五八八）夏に「人身売買停止令《じんしんばいばいちょうじれい》」を出して、戦場で奪われた人々の日本での売り買いも、彼らを海外に売り飛ばす外国との奴隷売買も、すべて禁止した。ついでその秋、倭寇《わこう》・海賊たちの活躍する海上に、「海賊停止《かいぞくちょうじ》令《れい》」を出して、「海の平和」を呼びかけ、同じ日、百姓には「刀狩令《かたながりれい》」を出し、さらに、武装する村々にも、「喧嘩《けんか》停止《ちょうじ》令《れい》」によって、村どうしの激しい武力紛争（刃傷殺害《にんじょうさつがい》）に抑制を求めた。

日本の国にある者は、大名も海賊も村々も百姓も、人を殺《あや》めるような武力行使を、直ちに停止し、紛争のもとになった領土やナワバリ争いは、秀吉が仲立ちして、裁判によって解決する。戦争（力）の時代から平和（法）の時代へ、殺し合いの時代から話し合いの時代へ、これこそが惣無事令つまり天下一統（全国の平和）実現の原則であった。

ただし、民衆に同意を期待した平和といっても、上からの治安の強制であることに変わりはなかった。しかし、殺害・刃傷・放火、苅田（作荒らし）・濫妨（人の略奪）・狼藉（物の略奪）と、あいつぐ戦いの惨禍の中で、「殺し合いを止めよう」と呼びかけた秀吉の惣無事令は、世の安穏を求める人々の大きな支持を得たのであった。

刀狩りの意味するもの

治安の強制といっても、戦う村人があっさり武装解除されて、まったく丸腰にされたわけではなかった。[1]天正十三年春、秀吉が紀伊の雑賀一揆を制圧した後に、一揆最後の拠点・太田城に籠って抵抗した百姓たちに、召直・還住を許したことは先にみた。その時秀吉は城を出る一揆方の百姓たちに、ただ一つだけ条件をつけた（『太田文書』）。

在々の百姓等、自今以後《じこんいご》、弓箭、鑓、鉄炮、腰刀《こしがたな》等、停止しおわんぬ。然《しか》る上は、鋤、鍬等、農具を嗜《たしな》み、耕作を専《もっぱ》らにすべきものなり。

食糧や家財や農具をもって、もとの村へ還住してもよい。ただし武器（弓矢、鑓、鉄炮、腰刀）だけはだめだ、と。ここでは一揆方百姓に対する武装解除の指令が、村への還住の保障と取引する形でもち出されていた。段階的に打ちだされた秀吉の刀狩令のうち、これはもっとも早い時期の指令である。つまり、秀吉の刀狩りは、村に平和を保障するのと引き換えに誕生していたのであった。

右の文の「鋤、鍬等、農具を嗜み、耕作を専らにすべきものなり」という言葉は、三年後に出された刀狩令主文の第三条に明記された、「百姓は農具さえもち、耕作を専に」という文言とそっくりである。だから、この一揆百姓あての指令は、「原刀狩令」と呼ぶことができるであろう。

「原刀狩令」についで、天正十六年秋に本格的な刀狩りがはじまった時、民衆は「内証は一揆停止の為なり」（真のねらいは百姓の武装解除だ）と噂しあっていたという。たしかに、刀狩令の冒頭にも、そう明記されてはいた。だが、秀吉が取った実際の施策は、強圧的な武装解除どころか、ひたすら民衆の合意を求める姿勢をみせていた。「①今生《こんじょう》の儀は申すに及ばず、②来《らい》世《せ》までも、百姓あい助かる儀」（刀狩令第二条）というのがそれで、その説得ぶりは、法令の文章としては異様なほど慎重である。

また、奈良の興福寺の塔頭《たっちゅう》多聞院で書かれた『多聞院日記』によれば、刀狩りに当たって、

①現には刀ゆえ闘争に及ぶを助けんがため、②後生《ごしょう》は（大仏の）釘に遣《つか》い、万民《ばんみん》の利益《りやく》に、

と秀吉は説得に努めていたという。①武器を棄てれば、この世では殺し合いの惨禍から救われ、②その武器で大仏を造れば、あの世でも仏によって救われるだろう、というのである。秀吉のほかの法令や政策には例をみない、異様なほどていねいな説得ぶりが印象に残る。

異様といえば、秀吉の刀狩令より早く、柴田勝家が越前《えちぜん》（福井県）の大名として行った、天正四年（一五七六）の刀狩り（刀さらえ）も、そうであった。勝家は集めた武器を溶かした鉄で、大きな川に船をつないで橋にする船橋の太い鎖や、百姓の使う鎌や鍬などの農具を作って、越前の民衆の暮らしを助けた、という。越前の「刀さらえ」には、ひたすら勝家の名君ぶりを

讃える、こんな「徳政」伝説がつきまとい、地元にはその船橋の鎖だったと伝える大きな鎖もいまに遺されている。

刀狩りと大仏の因縁も古い。鎌倉時代の仁治《にんち》三年（一二四二）、北条泰時《やすとき》が鎌倉で僧侶たちに市中での武装を禁じた時も、違反者から没収した刀は、すべて鎌倉の大仏のために使おう、と言明していた。刀狩りは御仏《みほとけ》のためであり、徳政の措置だ、というのである。

こうしたていねいな説得を裏返せば、それほどに、人の刀を奪うのは容易なことでなかったことになる。戦国の世では、大小（刀・脇指《わきざし》）を二本ともに指すのを帯刀といって、村でも家柄のある者に限られたが、脇指一本だけは、一般の村人なら、成人すれば誰もが指せた。また村には、刀指《かたなさし》の階層より下に、腰に鎌を指すだけの、カマサシという階層もあったらしい。戦国の世には、男子が十五歳前後で成人すると、童名をやめて大人の名前を名乗り、付け紐《ひも》の着物をやめて帯を締める着物に変え、その帯に刀を指す「刀指の祝《いわい》」という成人儀礼が、広く行われていた。

戦国の日本に三十年ほども滞在していたルイス・フロイスは、そんな「刀指の祝」の習俗をこう観察していた（『日本史』）。

日本では……農民をはじめとして、すべての者が、ある年齢に達すると、大刀と小刀を帯びる。……彼らは、不断の果てしない戦争と叛乱の中に生きる者のように、種々の武器を所有することを、すこぶる重んじている。

村人の刀は、成人した男子の誇りであり、自力で村を守る責任と名誉の象徴であった、というのである。どうやら刀には、「人殺しの道具」というだけでなく、成人した男子の名誉の標識、という意味がこめられていた（日本近代の軍隊でも、佩刀《はいとう》を許されていたのは、将校たちだけであった）。民衆から刀を取り上げるのに、異様なほど慎重な説得が求められたのは、そのためであったに違いない。

秀吉は刀狩令の冒頭で、たしかに「百姓の武器は、すべて奪え」といっていたが、現実は大きく違っていた。刀狩令が執行されると、北陸の一部からは、集められた約四千の武器が秀吉のもとへ送られた。だがその内訳は、九十六パーセントが刀・脇指類、残り四パーセントは鑓で、弓矢と鉄炮はゼロであった（『溝口文書』）。あくまでも刀が焦点で、あらゆる武器が根こぎ没収された気配はない。また山陰の村々では、家柄のある百姓ばかりを選んで、一人当たり大小（刀・脇指）一組だけを指定して出させていた（『佐草家所蔵文書』）。ごく形式的で自主的な刀の提出という風で、ここにも完全な武装解除の印象は薄い。

そのほかに、武器の所持が公然と認められた例も多かった（①『田辺文書』、②『浅野家文書』、

③『豊前覚書』、④『佐草家所蔵文書』)。

①し、(猪・鹿)多く候間、則ち鐺十本ゆるし置候。
②耕作のため、鹿、猿うち候こと(鉄炮)免し候。
③神役《しんやく》(祭)の時、武具(刀)入り申し候間、御除《よ》け下され……。
④当所ご裁判人(村役人)のことに候条、刀、脇指免し申し候。

①・②は農耕のため、③は神事や祭りのため、④は身分のしるしというように、(武器としては凍結されるが)じつにさまざまな名目で、多くの武器が村々に公然と認められた。刀狩令は徹底した村の武装解除だったという、私たちの刀狩りの通念には、これだけの反証がある。

非武装への軌跡

秀吉の後をうけた徳川幕府の武器統制は、じつはもっと緩やかで、武器の没収はその痕跡すらない。民衆の帯刀(二本差)も、わずかに長さ・鍔《つば》の形・鞘《さや》の色など、みかけだけの制限にすぎなかった。その後の規制も、脇差(一本差)だけは、所定の長さ(一尺八寸=約五十五センチ)ならお構いなしであった。そればかりか、近世の後期になれば、帯刀は金で買えるようにさえなっていく。
一方、村々の鉄炮だけは、生類あわれみ令に伴って行われた「鉄炮改め」によって、村ごとに厳しい免許制とされた。だが、害獣の駆除や狩猟や山仕事など、生業のための村々の鉄炮は、村の開発が進むにつれて、むしろ大きく増加の一途をたどった、という。[2]
のちの維新政府も、旧幕府の例をそっくり踏襲し、鉄炮は明治五年（一八七二）の銃砲取《じゅうほうとり》締《しまり》規則《きそく》で、あらためて登録制とした。一方、刀剣は同九年に廃刀令《はいとうれい》を出して、帯刀は官吏・軍人・警官だけに限るが、庶民でも、包んで携帯する限りはいっさいお構いなし、とした。廃刀令もまた、ねらいは、新たに明治国家の支配層となった官・軍・警の身分の標識として、刀剣を帯びる権利を独占することにあり、やはり武装解除ではなかった。
残るは、敗戦まもない昭和二十年（一九四五）秋に占領軍の出した、国民の武装解除令である。これを受けた日本の警察は、ここぞとばかり、隣組ごとに徹底した民間の武装解除を強行した。その「実績」は、たった半年で刀だけでも九十万本を超えた、という。[3]
つまり、いまのような国民の非武装は、多くは二十世紀の日本敗戦の結果であり、秀吉の刀狩令の「成果」などではなかったことになる。少なくとも刀狩令に関するかぎり、「専制国家」対「丸腰の民衆」というこれまでの近世社会像は、占領軍の武装解除に惑わされた幻想だった、としかいいようがない。[4]

3　戦場の商人たち

作られた飢餓情報

豊臣秀吉の小田原攻めが目の前に迫る、天正《てんしょう》十八年（一五九〇）三月のことであった。迎えうつ北条方の最前線にあった伊豆《いず》の山中《やまなか》城に、これを攻めにかかっていた徳川家康軍の雑兵が、捕虜となってこんな極秘の情報をもたらしていた（『箱根神社文書』）。

①陣中、兵粮《ひょうろう》に詰まり、野老《ところ》を掘り候て喰らい候よし申し候。②兵粮一升、びた銭にて百文ずつ、これもはや売買《うりかい》なきよし申し候。③雑炊《ぞうすい》、汁器《じゅうき》一つ十銭ずつのよし、申すこと候。④この分に候わば、長陣《ながじん》更にさらにまかり成りがたく……。

すべて雑兵からの伝聞ながら、内容は衝撃的である。

①敵の陣中はすでに兵粮が尽き、山の野老（山芋の一種、救荒食物）を掘って、飢えをしの

いでいる、という。②それでも最近までは、米一升が鐚銭《びたせん》百文といって、兵粮売りの商人も陣中に来ていたが、③いまはもう、汁椀一杯で十銭も取る雑炊売りが来るだけだ、という。④これでは、徳川軍も長い戦争はとても無理だろう。

敵陣の兵粮事情は、軍の兵粮→兵粮売り→雑炊売り→野老掘りと、しだいに深刻になり、いまや飢餓に瀕している、というのである。

どうやらこれは、ニセの情報をばらまいて、北条方の油断を誘おうとする、徳川方の謀略であったらしい。だが山中城主は、敵の雑兵にこの話を聞く前から、「敵陣ごくごく兵を労し、第一、粮（兵粮）にあい詰まるのよし」（『箱根神社文書』）と語っていたから、作られた徳川方の飢餓情報は、北条方に早くから流され、すっかり信じられていたようだ。

飢餓の戦場では、兵粮や雑炊を売る商人たちが、大っぴらに商売していた。私の意表を突くこの異様な情報も、じつは戦国の人々を信じさせる迫真力があったに違いない。そのナゾ解きが、この章の楽しみである。

同じころ、北条氏はこの最前線の山中城へ、十五人の部隊を急派する時、兵粮を与えることを指示して、「十五人、七カ月の兵粮ならびに夫銭《ぶぜに》、共にこれを遣わす」（『宇津木文書』）といっていた。戦場に赴く軍兵十五人に、七か月分の兵粮として、現物の米と銭を与える、というのである。

北条氏は、滞陣中の兵粮は中央から補給する、というシステムを取っていたことになる。軍隊の兵粮は自弁《じべん》（手弁当）ではなかった（戦国大名の軍隊は兵粮自弁だというのが学界の通説である）。だが、戦場の軍兵に兵粮の一部として、現物の米の代わりに、銭を与えるという以上、その銭をもって戦場の現地で、村人や商人から兵粮を調達せよ、というのであろう。十五人の七か月分もの兵粮を、現物で前線の戦場へ運びこむのも、大きな困難があったはずだ。

最前線の戦場へ行く兵士に銭をもたせるという、戦国大名の兵粮システム（扶持方《ふちかた》）は、はじめから、戦場の村々や商人たちから兵士が自力で現地調達することを前提にしていたことになる。その現地調達が、しばしば兵士たちによる暴力的な人や物の掠奪、という深刻な形を取ったことは、別の機会に詳しく述べた。[1] 前渡しされた兵粮米や銭だけではとても足りない、という事情もあったに違いない。

近世のはじめにも、次のような例がある。

大坂冬の陣がはじまったばかりの慶長《けいちょう》十九年（一六一四）十月、徳川軍の兵粮システムも、北条氏とよく似ていた。「半分は銀、半分は大和《やまと》（奈良県）に於て、八木《はちぼく》（米）を出さる」（『当代記』）というのがそれで、半分は現物支給だが、後の半分は銀を兵士に現地で渡す、というのである。つまり兵粮の半分は、やはり兵士たちが村や町で自力調達する、という建前になっていた。

「諸勢の兵粮、ことごとく扶持（補給）を加えしめ給う、三十万人、毎日千五百石……或は米、或は銀」という、もっと具体的な証言もある（『大坂冬陣記』）。兵粮の額面が、文書のうえでは「……石」と、現物の米の額で表示されていても、じつは銀（貨幣）の給付がかなりの比重を占めていたのであった。

大坂夏の陣のはじまった、翌慶長二十年の四月、上杉景勝《かげかつ》の軍も「摂津国《せっつのくに》大坂御陣につき、金銀請払《うけはらい》帳」を作って、兵士たちの兵粮として、金や銀の前渡しをしていた。明らかにどの大名軍も、前渡しされた銭や銀をもとに、兵士たちが戦場で兵粮を自力で調達することを、当然の前提としていたことになる。[2]

戦場はいつも飢えていた

はじめにみた飢餓の戦場という話から、私は十七世紀半ば過ぎに書かれた『雑兵物語《ぞうひょうものがたり》』の語る、こんな話を思い出す。年老いた雑兵の、まだ若いころの戦場体験である。

飯米《はんまい》につまって、具足《ぐそく》、甲《かぶと》をうち売りて、米をひっ買って、うちくらって、具足をも着ないで、先駈《さきがけ》をした。具足を着ても、食物がなければ、武辺《ぶへん》もならない所で、兎角《とかく》、陣中は薦被《こもかぶり》（乞食暮らし）であるべい。

戦場の雑兵たちは、食うものがなくなると、身につけた鎧《よろい》・甲までも叩き売って、どこから か米を買いあさり、戦いにはろくな武具もなしに、いさんで先駆けをした。戦場は乞食暮らし するほどの覚悟が肝要だ、というのである。雑兵の話のオチは、「腹が減っては戦はできぬ」 という、ごく単純なものであるが、「陣中は薦被だ」という言葉は、やはり衝撃的である。飢餓の戦場を生き残るために、雑兵たちは自分の身を守る大事な装備まで、戦場で売り払って米を買っていた。

「とにかくに陣中は飢饉だ」「陣中は紛れもない飢饉だ」と『雑兵物語』は繰り返し語る。戦場はつねに飢餓の中にあった。雑兵たちの体験談を、もう少し聞こう。

①敵地でも味方でも油断はするな。飯米がなくなったら、味方からでも奪い取るものだ。

②敵地に踏み込んだら、手当たり次第に、何でも「目に見え、手にひっかかり次第」に、拾い歩け。「とにかくに陣中は飢饉だ」と思って、食えるものなら、草木の実から根や葉にいたるまで、何でも拾い集めるものだ。松の皮はやわらかく煮て、粥《かゆ》にして食えばいい。

③籠城の時は、兵粮をはじめ、食物・武具から石・木にいたるまで、手当たり次第にかき

集めることだ。とくに水が大切だ。備蓄の基準は、一日について、水は一人あたり一升、米は一人に六合、塩は十人に一合、味噌は十人に二合だ。ただし夜戦などの時は、飯米がまとめて配給されるが、酒好きの兵士（上戸め）は、米を一度に渡せば、みな酒を作って飲んでしまうから、渡すのはせいぜい三、四日分だけにした方がいい。

④馬の飼料には、稲刈りの終わった敵地の田から、稲の切り株（苅田《かりた》の根）を掘ってきて、食べさせるのがいい。だが、味方の田の稲株をあまり掘り過ぎると、土地が痩せて稲の作柄が悪くなる（来年の田作りが違う）から、決して掘ってはならぬ。「敵地ならば見付け次第ほじくるべいぞ」。

こうした近世はじめの雑兵の体験を聞くと、戦国の戦場はつねに飢えに直面していたようである。では、飢餓の戦場で、与えられた銭や銀を、戦場の兵士たちは、どうやって現物に換え、どうやって生き延びたのか。

商人がひしめく陣中

じつは、戦場には商人がひしめいていたらしい。北条氏の軍記『北条五代記』は、戦場の商人たちの姿をこう活写する。天正十八年（一五九〇）、秀吉が大軍をもって小田原城を取り囲んだ時のことである。
まず北条氏の陣中の様子である。

①松原大明神の宮のまえ、通町十町ほどは、毎日市立ちて、(商人衆が)七座の棚をかまえ、与力《よりき》する物、手買、振り売りとて、百の売物に千の買物ありて群衆す。
②氏直《うじなお》公高札(掲示板)を立て給いぬ。万民、年中ばかりの粮米……あまる所これあるにおいては、市にて売るべし。
③これ(高札《たかふだ》の呼びかけ)によて、二年、三年の支度(穀物の備蓄)あるものは、五穀を市へ取り出して売り、もたざるものは、珍宝(家財)にかえて用意をなす。

また、これは豊臣方の陣の光景である。

④町人は小屋をかけ、諸国の津々浦々の名物を持ち来りて、売買市をなす。
⑤あるいは見世棚《みせだな》をかまえ、唐土、高麗の珍物、京、堺の絹布《けんぷ》を売るもあり。あるいは五穀、塩、肴《さかな》、干物をつみかさね、生魚をつかねおき、何にても売買せずという事なし。

これら①〜⑤の戦場の描写をみると、北条陣①〜③、豊臣陣④⑤ともに、じつに数多くの商人たちが、戦場の陣中に店（見世棚）を構えて、「売買市をなす」ほどの賑わいをみせていた。また北条軍は兵粮の調達のために「高札」を掲げて、②北条領の村々が、陣中の市場にあまった米をすすんで出荷し、兵士たちに売るよう、けんめいに呼びかけていた。つまり北条方は、市場を通じて兵粮を手に入れることに、大きな期待をかけていたのであった。

これに対し、④⑤敵の豊臣方の陣にも、おのずから京・堺はじめ、広く諸国から商人たちが集まり、何でも手に入るほどの盛況をみせていた、という。こうした小田原の市町の様子は、この時に作られた小田原城攻めの絵図（『毛利文書』山口県文書館蔵）にも描かれているほどで、後世の軍記だけの勝手な想像ではなかった。

この戦場に繰り広げられる商売の光景をみて、私は祭礼の日のお寺やお宮の光景を連想する。その日、祭りに集まる人々を目当てに、多くの商人や香具師《やし》たちが競って露店をだし、時ならぬ賑わいをみせる。戦場の陣地に自然に大きな市町ができるのも、おそらくこれと同じことであったに違いない。明らかに商人たちにとって、戦争はビッグ・ビジネスの好機であった。

どこかで戦争がはじまるといえば、戦場のもうけをねらって、味方の陣にも敵陣にも、さまざまな地方から商人たちが集中した。元亀《げんき》三年（一五七二）十二月、遠江《とおとうみ》の三方ケ原《みかたがはら》合戦（武田信玄と徳川家康の戦い、家康が大敗した）の戦場では、尾張清洲《きよす》の町人であった具足屋《ぐそくや》玉越三十郎という若者（武具商人か）が、死をもおそれずに活躍した、という（『信長公記』）。

また永禄《えいろく》十一年（一五六八）、九州の要塞と呼ばれた筑前《ちくぜん》の立花城（福岡市）に、毛利元就軍が大友義鎮《よししげ》を攻めた時にも、小田原の戦場とよく似た光景が出現していた（『豊前覚書』）。


芦屋《あしや》船場《せんば》より立花北の麓まで、中国十六か国の猛勢、陣いらかをならべ、二階、三階をあげ、町の数を知らず。陣屋また町の境に、釘貫《くぎぬき》を立て、日市《ひいち》、諸商売、浅からざるよし、

中国地方十六か国の大軍をあげて、九州の立花城に攻めよせた毛利軍の陣中には、にわかに日市や町場が出現し、兵士たちの陣屋のほか、諸国の商人たちの町場もできて、その間の境は、釘貫（木の柵）で仕切られていた、というのである。ここでも戦場の経済は商人たちによって支えられていた。

また弘治《こうじ》二年（一五五六）、尼子《あまこ》晴久《はるひさ》と毛利元就のぶつかる石見《いわみ》銀山の山吹城（島根県大田市）の戦場でも、

芸州《げいしゅう》（毛利方）より兵粮売買の者ども……送らせ候ところに、かの通路支え（遮断する）べきため、大田（尼子方）より、人数（軍勢）二千五百差し出す。

という作戦が繰り広げられていた（『二宮俊実覚書』）。毛利方は尼子軍を牽制するため、安芸から石見大田の銀山に、軍隊に援護させて、数多くの「兵粮売買の者ども」（兵粮商人たち）を送りこもうとし、尼子方もこれを阻止するため、大軍を出した、というのである。こうした作戦が立てられるのは、もともと戦場の経済が兵粮を売り買う商人たちによって支えられていたからである。

中国地方の軍記『陰徳太平記《いんとくたいへいき》』も、尼子方による山吹城の兵粮補給の様子を、こう記す。

石州の国人どもをあい催し、山吹の城へ兵粮を入れられ、酒、醬《ひしお》、菜、肴を売るべき商人等に、送りの者を差し副えて、毎日、かの城へ通路をなす。

城へ兵粮を入れるのに、地元の軍隊に護衛させて、さまざまな食料（酒、醬、菜、肴）を売る商人を、毎日のように城へ送った、というのである。富田《とだ》城（島根県安来《やすぎ》市）に籠城する尼子軍の兵粮は、「但馬《たじま》、丹後《たんご》、若狭《わかさ》へ、富田より手遣いを仕り、船にて安木《やすぎ》へ付け、富田より兵粮かい取る」とか、「大有徳《うとく》の者（資産家）、財宝を尽し」などと、広く山陰の一帯にわたる商人たちの大規模な買い付けによって支えられていた。

したがって、それを阻止する側でも、「海上のかよいを差し留め」海上の補給ルートを遮断する作戦が取られていた（『桂岌圓覚書《かつらきゅうえんおぼえがき》』『翁物語』）。軍隊の兵粮調達が、領域からの徴発を通じてではなく、買い付けによって実現され、それには「大有徳の者」（豪商）や、兵粮商人たちが深くかかわっていたのであった。

『陰徳太平記』によれば、この富田城の戦いでは、「若狭より商人等、米、麦など舟に取り積み来りけるを、富田城中より忍び出でて、買い取りける」とも伝えている。また、富田城に人質となった息子を奪回するのに、博労馬《ばくろううま》二、三十匹を引き連れ、「九州の博労なり、御馬召し置かれ候え」と、陣中で馬を売り歩きながら敵城へ乗り込む、馬商人の話もある。

よく似た話が武田信玄の軍記『甲陽軍鑑《こうようぐんかん》』にもある。

秀吉が毛利方の播磨《はりま》を攻めた時、前線の敵軍にウソの講和を申し入れ、大量の金を投じて米を買いあさった。すると、金に目のくらんだ毛利家の兵士たちは、だいじな城米《じょうまい》までもち出して、豊臣方の商人たちに、すっかり売り払ってしまった（米をうるに、城米迄ことごとく売り候）。これをみた秀吉は、敵の兵粮不足をみすかし大軍を送って、播磨から伯耆《ほうき》、但馬まで攻め取ってしまった、というのである。

大坂陣の兵粮事情

「大坂冬陣図屛風《びょうぶ》」には、大坂の戦場にさまざまな物売りがいて、そのまわりに雑兵たちが群がり、さかんに飲み食いしている光景が、いくつも活写されている。立ちならぶ九曜紋《くようもん》の旗《はた》幟《のぼり》から、陸奥《むつ》の伊達《だて》氏の軍と知られる陣営の門前には、物売りたちと入り乱れて争う陣笠姿の雑兵たちがあり、かれらの足もとには、ひっくり返された籠からころげ出た、二十個あまりの丸餅が散乱している。その近くの堀端には、内側は朱塗りで外側は黒漆らしいお椀で、兵士たちに何かを食べさせる物売りたちがいる。これは雑炊売りでもあろうか。

また京橋と書かれた橋のたもとの陣所の門前の路上には、兵士たちに長いキセルで、流行しはじめたばかりのタバコを吸わせるタバコ売りや、素焼き風の器で酒らしいものを飲ませる商人たちがいて、そのまわりにも雑兵たちが群がっている。戦場にはさまざまな物売りが群がっていた。これら露天の商いには、飯売り・うどん売りなどが通りに店棚を連ねる「築城図屛風」などとは違う、いかにも戦場らしい、たくましい商人たちの姿がある。

この十七世紀はじめの大坂冬の陣・夏の陣の実情は、豊富な情報によって、かなり具体的に知ることができる。冬の陣の開戦が迫る、慶長十九年（一六一四）十月二日、大坂城方は籠城に備えて、諸国に金銀を送り、多くの兵粮を買い付けて備蓄につとめ、「蔵米三万石」「諸国大名米三万石」等のほかに、「町方売買米二万石」を調達し、これら「町人米」はただちに代銀で決済した、という（『当代記』）。これにまつわる情報は多い。以下は『大坂御陣覚書《おおさかごじんおぼえがき》』と

『駿府記《すんぷき》』の記事である。

大坂に有る所の商売米、残らず兵粮に取り入れ……。

大坂の躰、いよいよ籠城の支度、その意趣は、金銀多く取り出し、大坂近辺の八木を買い込む。

この「大坂に有る所の商売米」とか、「大坂近辺の八木」というのは、おそらく「町方売買米」に当たる。この江戸初期の戦争においても、籠城軍の兵粮の調達が、その当初から、かなりの部分を「町方売買米」に依存していたことは、疑いあるまい。

だからこそ、敵対する徳川幕府方でも、京都所司代《しょしだい》の板倉勝重が、「武具、粮米、大坂へ下し申さず候様に」と、大坂への兵粮の禁輸を、畿内の諸地域に厳しく指令していた(『石清水文書』)。これについては、のちの記録類も「京辺より大坂へ米穀塩等、商売の事、停止《ちょうじ》す」と伝えている(『武徳編年集成』『太平雑記』)。

しかし、商人に依存して兵粮を調達する事情は、じつは徳川方でも同じことであった。徳川方でも兵粮に米・銀半々を給付するという措置が取られていたことは先にみたが、その事情を、『武徳編年集成』は、「京畿兵粮乏しきゆえ、その半分は銀を以て渡す」と解説している。

つまり、早くから進められていた大坂方の大がかりな兵粮買い付けの影響で、物資が市場から早々に姿を消してしまっていた。そのため、京畿の市場での兵粮米の調達（現地到着後の兵粮米の現物給付）が困難となったので、やむなく兵粮の半分は銀で交付した、というのである（『当代記』）。しかし、銀を支給されても、市場に米がなくては兵粮はまかなえない。米穀などの禁輸策は、はじめから大きな矛盾をはらんでいた。

そのためもあってか、徳川幕府は、冬の陣はじめの同年十月十八日付で、行軍の途上にあたる東海地方の村々の庄屋・年寄中に、こう指示した（『杉浦文書』『新井町文書』ほか）。

今度御陣について、八木、大豆、ぬか、わら、薪、雑事（野菜）以下、在々へ申し触れ、道通りへ持ち出して売買を致し、諸人事欠き候わぬ様に、申し付くべく候事。

今度の戦争にあたって、米・大豆・ぬか・わら・薪・野菜など、軍隊が必要とする兵粮の類を調達するために、東海地方の村々に「道通りへ持ち出し売買致」せと要請した、というのである。この通達は、先の小田原戦で『北条五代記』の語っていた、「粮米……市にて売るべし」というのと、そっくりである。徳川方も、かつての北条軍と同じように、兵粮として、あらかじめ兵士たちに銀と米を半々で給付していた。だから、少なくとも兵粮の半分は、道中の村や町での調達に大きく依存したのであった。軍の兵粮は領地の村々から現物が徴発されたはず、という私の思いこみは、あっけなく崩壊する。

「京畿兵粮乏し」といわれた、深刻な事態のもとで、徳川軍もまた、行軍途上の兵粮をもっぱら道中での村々との「売買」に依存することになった。市場に兵粮が供給されるのをうながすため、幕府は大坂に在陣する徳川方の諸大名に宛てて、こう指令していた(『鍋島勝茂譜考補』)。

①堺表へ方々より兵粮船、薪船、その外、何の商売船によらず、相違なく往来いたし、諸軍勢心安く在陣いたされ候様に、との御意に候あいだ、その段、ご領分手寄り手寄り仰せ遣わされ、諸商売の船あい着き候様に……。

②大坂よりの船、お留め申し候あいだ、諸国の商売船、木津《きづ》、難波《なにわ》境《さかい》、何れの湊へも、その船主の好み次第、気遣なく付け申すべきよし、ご領分ご領分へ仰せ遣わさるべく候。

諸大名がそれぞれの軍隊に補給するため、兵粮船や薪船だけでなく、諸国の大名領からの「諸商売の船」「諸国の商売船」が、堺・大坂など戦場一帯の港へ入ることを、幕府として大いに保証し奨励もした。味方の軍勢への兵粮の供給を、いわば民間の「商売船」の活力によって確保し、「軍勢が心安く在陣できるように」しようとしていたのであった。

なお、冬の陣につぐ慶長二十年（一六一五）四月、夏の陣になると、幕府は一転してこう指示していた。『山内家記録』に残る山内忠義《やまのうちただよし》宛である。

そこ元より大坂へ、渡海の船、商売船ともに、一切御入り成さざるよし、御もっともに御座候。いよいよもって大坂へ、舟御入るまじく候。
兵粮船、材木船、何船にても、そこ元の御国より大坂へ、一切御入れ成るまじく候。

今度は諸大名の補給船も民間の商売船も、大坂への入港をすべて禁止する、というのである。これは、決戦の時を迎えて、大坂方への兵粮補給を阻止するため、大坂港の全面封鎖を断行しよう、というのである。この事実もまた、戦場での兵粮補給が、じつは民間の商船に大きく依存していたことを示唆する。

高騰する米価

町や村での軍隊による兵粮の売り買いや、市場での大量の「町人米」への依存は、当然のことながら、市場での米価のひどい高騰を引き起こした。
冬の陣の十月二十五日、大坂の陣中にいた徳川方の稲葉典通《のりみち》は、「こなた兵粮高く候あいだ、難儀せしめ候、早々のぼせ候様に」と、国元へ補給を要請し、大坂の兵粮米の高値で難儀している苦しい内情を繰り返し強調していた（『別本稲葉家譜』）。

ところが翌十一月、やはり大坂に在陣していた徳川方の吉川氏の反応はまったく別で、国元の周防《すおう》（山口県）にあてて、こう急報していた（『吉川文書』）。

①一、兵粮、追々のぼせ候儀、肝要に候。この表（大坂）米売値、ことの外よく候。次第にあがり候て行くべきのよしに候あいだ、その心得肝要に候。
②一、関東衆へは、公儀（徳川）より米を下され候えども、下じもことの外つまり候て聞え候。

①吉川氏が、この戦争のさなかに、大坂の米の売値を気にしていたのは、自軍の兵粮を確保するためではなかった。むしろ国元の米を上方に回送させ、この戦時の兵粮米の高騰に乗じて、利益をあげようと画策していたのであった。また吉川氏は、②徳川方の関東軍は公儀（幕府）から米を補給されているのに、末端の兵たちは兵粮に窮しているようだ、とも分析していた。
こうした戦場の兵士たちの窮乏が、戦場での物や人の掠奪を避け難いものにしていた。

夏の陣さなかの慶長二十年四月、徳川方の大名亀井氏の老臣は、大坂から国元の因幡《いなば》（鳥取県）にこう報じていた（『亀井文書』）。

兵庫へは、何れも西国の衆御陣まかないに、人数少しずつ残しおかれ候……。兵庫米の値は、上々米は三十二匁《もんめ》、中米は二十六匁、下米は二十四匁ほど……。

兵庫の湊が「西国の衆御陣まかない」、つまり徳川方として在陣する西国大名軍の兵站基地となっており、そのために兵庫の米価が高騰している、というのである。

その兵庫の米価は、上々米＝銀三十二匁、中米＝銀二十六匁、下米＝銀二十四匁ほどであったという。この米価の水準は、後出の大坂城内の食糧事情の情報にみえる、「一石につき百三十目（匁）」「一石につき百二十目（匁）ずつ」という記事からみて、米一石あたりの売値らしい。つまり、兵庫の米価は、米一石あたり銀三十二〜二十四匁（平均二十七匁）ほどで、やはり後出の史料には「世間の米十七、八匁位」とあるから、戦時の世間の米相場にくらべても、相当な高値であったことがわかる。

人口の密集する大都市であった京都には、もっと深刻な影響が現れていた。同じ四月三十日、ある公家はこう書いていた（『土御門泰重卿記』）。

京都の騒動いまだ止まず、京都の飢饉もっての外の事に候。八木、銀子一匁に二升、商売のよし承わり候。……土民米糠《ぬか》の□を食い候よし……。

大坂での戦争と米価の高騰が、京都に激しい飢餓を引き起こし、貧しい市民は米糠を食べて飢えをしのいでいる、という。銀一匁に米二升という京都の米価は、米一石に直せば銀五十匁に当たる。この額は、高値といわれた兵庫の米価（一石あたり平均銀二十七匁）の約二倍、戦時の世間の相場（銀十七、八匁）のじつに約三倍にものぼることになる。

激しい米価の高騰と、徳川方の厳しい禁輸措置のもとで、長い籠城をしいられた大坂城内では、事態はいっそう深刻であった。ただし敗者側のこととて、たしかな情報は少ないが、当時の聞き書きの一端によって、事情をたしかめてみよう。

『山本日記』

①諸国より大坂へ上りたる売り米ども、御城（大坂城が）買い籠めらるる、米の直段（値段）高く成り、（米）一斛（石）に付き、（銀）百三十目（匁）になる。

『長沢聞書《ききがき》』

②大坂籠城の内、世間の米十七、八匁位仕《つかまつ》る沙汰なるに、大坂は百三十目（匁）程……。

『大坂冬陣記』

③今朝、生捕り一人、年十四、五の僕《しもべ》也。……申していわく、このあいだ天満に赴き、銭百文をもって買米三升五合、あるいは四升、餅の大きさ蜜柑《みかん》のごときは一銭と云々。

『薩藩《さつぱん》旧記増補』

④落人の口を聞かさせられ候えば、大坂内の米一石に付き、百二十目（匁）ずつつかまつるよしに候。それについて、籠城いたし候町人、百姓ら（兵に雇われたことを）後悔致し、迷惑つかまつるよしに候。

『翁《おきな》物語』

⑤大坂陣にて城中より落人来る……「さて売餅は在るか」と（家康が）尋ねさせ玉《たま》う。「売餅在り」と答う。大中小の直段（値段）を尋ね……。

大坂城内（戦場）の米価は、①②④に共通して、一石につき銀百二十〜百三十匁、と報じられていた。これは、同じ時期の世間の相場（十七、八匁）の約七倍強で、高値といわれた兵庫の相場（二十四〜三十二匁）の約五倍にあたり、ひどい飢餓に襲われた京都の米相場（五十匁）にくらべても、約二倍半という異常な暴騰ぶりであったらしい。

③〜⑤は大坂（豊臣）陣中からの落人や生捕りの証言であった。その大坂方の陣中では、兵粮の供給が、豊臣方の軍隊組織を通した給付よりは、もうけをねらう兵粮売り商人によって、もっぱら維持されていた様子である。また③では、生捕られた大坂方の少年の下僕が、米四升ほどを銭百文で、蜜柑大の餅一つを一銭で買った、と語っていた。城内の雑兵たちの兵粮は、軍隊による補給が途絶えた後は、ほとんど個々人の才覚だけに委ねられていた。さらに③と⑤は、陣中にいる餅売りの姿を伝え、⑤によれば、その餅の売値が、陣中の兵粮の欠乏状況を占うに足る、とされていた模様である。そういえば「大坂冬陣図屏風」も、伊達軍の雑兵たちと争う餅売りたちの姿を活写していた。

商人なくして戦なし

ここまで戦場の商人たちの姿を追ってきて、私はあらためてヨーロッパ中世の軍隊に関する、山内進氏の指摘を思い出す。[3]

兵士は常に飢えの恐れの下にあり、それをかろうじて救っていたのは酒保商人《マルケテンダー》（食糧品・消耗品・飲料を供給するすべての商売人）だった。彼らがいて、兵士が給与によって買物をできるときにのみ、軍隊に治安が保たれたのである。したがって、酒保商人は、近世ヨーロッパの傭兵的軍隊の下ではなくてはならない存在だった。

日本の戦場で起きていた事態は、山内氏のいうヨーロッパの実情と、じつによく似ている。日本の中近世でも、軍隊が戦争をやりとげる仕組みは、はじめから戦場の商人による供給と現地補給を前提としていた。それればかりか、戦場で雑兵たちによって略奪された家財や男女も、「商人これを（買い）受け、奈良と坂本には、日市を立ててぞ、売り買いける」（『応仁記』）という証言がよく示すように、戦場に群がる商人によって、略奪の現場から、兵粮と引き換えに買い取られ、戦場の外の市場で売りさばかれていた。

これまで私たちは、戦国大名軍の兵粮といえば、平時に村や町から納められた年貢米の備蓄や、戦時に行われた兵粮の強制徴発などによって調達され、大名の組織した小荷駄《こにだ》隊（兵粮の輸送部隊）によって戦場に補給され維持されていた、と思いこんできた。しかし、以上みたような実情と、私たちの通念との間には、かなり大きなへだたりがある。

こうして戦場の商人たちの活動ぶりに焦点をしぼって、戦国の戦場の裏側に思いをはせると、戦争を大きなビジネスチャンスとした、戦場の商人たちの存在感はまことに大きい。戦国時代の日本各地にあいついだ戦争は、経済生活という点でも、戦国の世の村や町の日常の暮らしに、ただならぬ影響を及ぼしていた。

II 村の平和

4　荘園の四季

節分と吉書始め

もう二十年余り前のころ私は、戦国の村の領主の家に伝わった、年中行事の古帳読みに熱中していた。村の領主というのは、鎌倉時代に北越後《えちご》の小泉荘《こいずみのしょう》の南端（新潟県村上市）の一帯に土着した、地頭《じとう》の色部《いろべ》氏のことで、『色部氏年中行事』と題された一冊は、その領主館をめぐる四季の祭りや祝いごとを書きとめた、味わい深い戦国の民俗誌であった。[1]

たとえば色部館の節分《せつぶん》の夜は、「御かとたがい（方違《かたたがえ》）の御祝儀」ときまっていた。その夜、村の領主は、中世の呪《まじな》い（陰陽道《おんみょうどう》）でその年のいい方角（吉方）に当たる村の、裕福な百姓の家に押しかけて行く。すると迎えた百姓は、領主を酒と肴《さかな》でもてなし、お土産（引出物《ひきでもの》）の紙、紙は貴重品で、よく儀礼や贈答に使われた）まで用意しなければならない。

この方違の習わしは古いものらしい。平安時代にも清少納言が『枕草子』に、「すさまじき（興ざめな）もの」の例として、こう記していた。

方たがえにいきたるに、あるじせぬ所。まいて、節分などは、いとすさまじ。

「あるじせぬ所」というのは、節分の夜ふと訪れた客に、まともな饗応をしない家のことらしい。清少納言がこう書くのは、節分の夜、方違に訪れた人は、誰でも快くもてなすべきものだ、とされていたからに違いない。

鎌倉時代になると、そんな習わしをちゃっかり悪用する武士もいた。十三世紀はじめころから、鎌倉武士たちは地頭に任命されて、地方の荘園へ赴任しはじめるが、そこで現地の百姓たちと、「方違」がもとでもめごとを起こし、よく裁判沙汰になっていた。

節分の夜に、地頭が「今夜は方違だ」とか「ここは吉方だ」といって、妻子から家来たちまで大ぜい引きつれて、裕福そうな百姓の家に押しかける。そればかりか、泊まり込んで酒肴をせびったり、もっとひどいのは、方角のよしあしなど構わず、むやみに百姓の家に押し込んで、接待を強要したうえ、お土産の引出物までむりやり奪い取った、というのである。[2]

節分の夜には、方違に訪れる人を快くもてなす。そんな古くからの習わしが荘園の村々にあればこそ、こんな事件がよく起きた。だが、それも度を越せば、百姓たちも黙ってはいなかった。しかし、こうした方違騒ぎには別の見方もできる。まだ住み着いたばかりの、荘園の暮らしぶりをよく知らない新入りの武士（地頭）たちが、あせって暴力を振るうのではなく、なんとか村々の四季の習わしや年中行事を、土着する手がかりにしよう、としていたのではないか、と。中世の民俗の習わし調べに私がひかれるのは、そうみるからである。

色部館の正月三日の夜に行われる、「吉書始《きっしょはじ》め」も興味深い。[3] その夜、村の僧を主客に迎えて、館の表座敷には、領主と家来たちが居ながれ、縁側には、村々の百姓の長老たちが控え、祝宴なかばに、僧が筆を執って、新しい紙に次のような趣旨の三か条を記す。

①祭祀　領主と百姓は、神社・仏寺を大切にする。
②勧農　領主は、農業の基盤整備に努める。
③年貢　百姓は、増産に努め年貢を納める。

書き終わると、僧はこの三か条を高声《こうしょう》で読みあげ、集まった武士と百姓は、自分たちの荘園の安穏《あんのん》や豊饒《ほうじょう》を①仏や神に祈って、お互いの責務②③をたしかめ合い、誓いのお神酒《みき》をくみかわす。この吉書の習わしが、のちに正月の「書初《かきぞ》め」になったのだという。

それは神聖な誓いの宴であった。その夜のために百姓たちは、化粧桶《けわいおけ》に入った酒・塩引肴《しおびきさかな》・若菜《わかな》・手あぶりの炭などを、あらかじめ領主館に納めることになっていた。百姓たちの領主への納め物や労働を、公事《くじ》・夫役《ぶやく》というが、こうした四季の年中行事にちなんで、その行事に必要な季節の産物を納めるというのが、その原型であったらしい。

例の和泉国日根荘で、十六世紀はじめの正月に行われていた吉書始めの習わしも興味深い。ここでは、荘内の村ごとに日を決めてわざわざ領主の方から、村の役所（政所屋《まんどころや》）に出向いて、村の僧を中だちにして吉書が行われていた。ある村の宴には、百姓たちが五十余人も集まり、領主はその百姓たちに酒をふるまい、扇の引出物まで出していた。

だから、村が領主の課役に抗議して逃散《ちょうさん》を決行し、正月の吉書始めにも出ない、といい出すと、領主はあわてた。それでも領主方は村に出かけ、僧と村役をつとめる村の番頭《ばんとう》たちだけを集めて、どうにか吉書の体裁をつくろったのであった。

それは、吉書始めの座敷が、領主と村の百姓たちにとって、年のはじめに、領主が勧農《かんのう》を、百姓が年貢を守るという誓いを新たにする大切な場であったからで、百姓たちの欠席は、その年の貢納の責務を放棄するのに等しかった。百姓たちに吉書の宴を拒否されて、領主があわてたのは、そのためであった。

村の歳時記を読み解く

こうやって戦国の民俗誌の解読を進めながら、私は中世の村の年中行事調べに夢中になっていった。ただし、中世の村の年中行事といっても、村人たち自身で語ったものがあるわけではない。やはり領主側の日記に頼るしかない。

この章では『山科家礼記《やましなけらいき》』を取り上げよう。十五世紀の後半のころに、京の公家山科家の事務長（雑掌《ざっしょう》）をつとめた大沢久守《ひさもり》の書いた日記で、応仁《おうにん》・文明《ぶんめい》の乱をはさんで、長禄《ちょうろく》元年（一四五七）から延徳《えんとく》四年（一四九二）まで、とびとびだが三十六年間にもわたっている。

その筆者は、山科家から荘園の管理を請け負い、京郊の山科にあった山科東荘《やましなひがしのしょう》によく足を運んでは、村をおさめる村長にあたる政所や、村の有力者（ヲトナ百姓）たちとも、親しく接した。だからかれの日記は、おのずから東荘の四季の行事や、村からの納めもの等にも詳しく、まるで荘園の村の歳時記のような趣がある。

私の日記解読法はこうである。日記は刊本で五冊もある長いものだが、たとえば、

延徳元年　十月　三日　亥《い》、東荘内検《ないけん》に下《くだ》る　（五巻の五十七頁）
同　　　　十一月　七日　午《うま》、東《ひがし》岩屋殿《いわやどの》昨夕ほたき（五巻の六十三頁）

というような、東荘の行事に関係のある記事をみつけると、必ず十二支（亥とか午）・出典（五巻の五十七頁とか六十三頁）も含めて、すべてパソコンに打ちこむ。ついで、集まった千項目ほ

どの東荘情報を、年次（この例では延徳元年）はとりあえず無視し、月日（十月三日とか十一月七日）の順に並べかえて、「東荘の年中行事一覧表」を作ってみる（さらに山科家の代々の当主の日記の情報も対応させていく）。最後に、その表から、東荘の領主と村のあいだで、何月何日または十二支のどの日に、何が行われていたかを読み取っていくと、三十年以上にわたって繰り返された、この荘園の村の四季の祭りや行事などの輪郭が、くっきりと浮かび上がってくる。

京都の町から東山の山を越えると、山科の盆地である。中世には山科七郷といわれ、そのうちの大宅郷《おおやけごう》がもとは皇室領で、それを山科家が管理して、東荘とも呼ばれていた。一つの荘園に村が一つという小さな荘園であったが、山科という家の名字の起こりとなった由緒ある土地である。いまの京都市山科区大宅の一帯がそれで、近世には大宅村といわれていた。その時代の戸数は九十六戸（うち農地をもつ高持百姓《たかもちひゃくしょう》が四十一戸、農地をもたない無高《むだか》の百姓が五十五戸）、村の生産高（石高《こくだか》）は六百二十一石（うち田は三百八十石）ほどの村で、東は山がちで西は平地という地形で、竹藪と茶畑がことに目立っていた。

この『山科家礼記』が書きつがれた応仁・文明の乱のころ、山科七郷の村人たちも、しばしば「七郷寄合《しちごうよりあい》」をもち、土一揆《つちいっき》に立ちあがったり、武装して京へおしかけ、幕府や守護の軍勢とも戦いを繰り返していた。そのような自立した村の行動は、いったいどのような日常によって支えられていたか。それが、この「東荘の村の歳時記」を解読する、なによりの楽しみである。

なお、以下の本文中に「のちの大宅村では」などとあるのは、私が現地の方々から聞いた一九五〇年代ごろまでの習俗である。また「民俗の」とか「のちの民俗に」などと付記したのは、広く一般の民俗行事（カタカナで表記した）と比較するためで、多くの民俗学の研究成果によっている。大宅の一九五〇年代ごろまでの行事や習俗については、地元の岩屋神社、林伝治（一九〇四年生）・ハル（一九一一年生）ご夫妻、沢野井清嗣（一九〇八年生）・美代子（一九一五年生）ご夫妻から、貴重なお話を聞かせていただいた。

春　一月〜三月

年頭の互礼の酒

まず、正月三が日が明けると、一月四日の日記に「東荘より礼に上る」とか「東荘の面々上る」という記事が集中している。「地下《じげ》の老《おとなども》共いで来り、小豆餅《あずきもち》を御沙汰《ごさた》し、御酒《ごしゅ》を給《たま》う」ともみえている。

この日、東荘からは、政所をはじめ、有力な百姓たちがそろって、東山を越えて、京の領主（山科家）の館に年頭の礼に出かける。かれらは、年始の祝いに、めいめい銭百文ほどを領主にさしあげ、かわりに小豆餅や酒をふるまわれる定めで、「例年、正月四日の儀」とされていた。のちの民俗にいう、オウバン（椀飯）とかヲトナイワイ（老祝）に当たるのであろう。

ついで、正月七日の朝早く、七種《ななくさ》の「雑炊祝《ぞうすいいわい》」をすませると、今度は領主（あるいは代官）が東荘の村に出かけていく。村から若者たちに出迎えてもらい、東山を山越えして村に着くと、まず政所で「餅酒」や「ゆかけ」の行事をする。「餅酒」は「鏡の祝《かがみいわい》」ともいわれるから、村の政所の家の鏡開きの祝いであろう。また「ゆかけ」は、「風呂」とか「湯に入る」ともあって、民俗の行事に広くみられる、ワカユ（若湯）とかユイワイ（湯祝）にあたる。

村にやって来た領主や代官は、湯で身を清めたあと、山の麓の高台にある、村の鎮守の東岩屋神社《ひがしいわやじんじゃ》（いまの岩屋神社）に登って、神楽《かぐら》を奉納し、初詣《はつもうで》をすませる。その後、政所にもどり、ここに村のヲトナ百姓たちを招いて、「地下《じげ》の酒」という酒宴をひらく。

これが「正月七日の祝」でも中心の行事であった。年のはじめに当たり、村の役所を場として、領主と村人が酒をくみかわして、互いの結びつきを強めようという、ことに大切な正月儀礼であった。まず四日に、村人が京の領主館に上り、ついで七日には、領主が荘園の村に下り、ともに酒をくむ。あわせて互礼の酒宴になっているのが面白い。

山の口明け

同じ正月四日には、また「東荘より、山口もちい（餅）」という記事が集中している。その朝、京の領主館から、使いの者が東荘に下って、村から「山口のもちい」を二百六十～五百枚ほどと豆を集めてくる。

のちの大宅村では、この四日の朝、村人たちが山麓にある岩屋神社の裏にあたる「山の口」、つまり御所山《ごしょやま》の登り口に集まり、落葉や枯枝を拾い集めて焚火《たきび》をし、その火で餅を焼いて食べ、これを「山の神に餅を供える」とか、ヤマハジメ（山始め）などといっていた。「山の口明け」の習わしである。これを大切にしたのは、東荘のふだんの暮らしに、村の東に広がる山々での山仕事が、大きな比重を占めていたからで、こうしてその年の山での安全を祈ったのであった。のちの民俗ではこれをウイヤマフミ（初山踏）とか、ワカギムカエ（若木迎）ともいっている。またフツカヤマ（二日山）とかヨッカヤマ（四日山）という呼び名もあるように、よく正月はじめのこのころに行われた。

中世の東荘がこの日に領主に納めた餅も、のちに山の口の焚火で焼いた餅を山の神に供えたように、もとは「山の口明け」にちなむ、山の神への供え物であった。しかし、それを領主の方から村へ取り集めに行っているのだから、このころはもうすっかり村の貢納のようになっていた様子である。中世の東荘では、家一軒ごとに餅二十枚・豆一升ほどの割り当てであった。ただ、それを出すのは、わずか十軒前後の有力な百姓たちと、村で山を管理する役をつとめる、山守役《やまもりやく》の百姓だけであった。かれらは「山の口明け」の祝いをして、山の神に供えた餅の一部を納めることで、領主から山での利権を保障されていたのであろう。餅は山仕事の特権の象徴であった。

若菜・七種・初祈禱

一月六日には、「東荘より若菜《わかな》一荷《いっか》」という記事が集中している。村の政所や有力な百姓が領主館に正月の若菜を納める日であった。これは民俗にいうワカナムカエ（若菜迎）で、もとは七日《なのか》正月《しょうがつ》の前夜に、若菜を神に供えたものであろうという。

のちの大宅村では、田の畔《あぜ》から採った七草（種）の菜を、六日の夜に、金《かね》の火箸《ひばし》を載せたまな板で、決まった唱えごとをしながら、包丁の背で叩くようにして、にぎやかに刻む。七日の朝はこのきざみ菜を餅粥《もちがゆ》に散らし、神仏に供えてから、自分たちも食べた、という。中世の京の山科家では、これを「味噌水祝《みそうずいわい》」とか「雑炊祝《ぞうすい》」と呼んでいた。いまのように白い粥に混ぜるものではなく、味噌を入れた雑炊にして食べたのであった。

一月十一日には、東荘から東岩屋神社の牛玉札《ごおうふだ》・鏡餅・御供《ごくう》などが、京の領主館にもたらされる。

牛玉札というのは、この荘の鎮守であった東岩屋神社の宝印《ほういん》を半紙に捺した、お守り札（護符）のようなものである。鏡餅や御供は、その札とともに神社に供えたお下がりを、領主と村人が分け合っていただいた。

ついで正月十五日ころ、東岩屋神社を取りしきる神宮寺《じんぐうじ》で、大般若会《だいはんにゃえ》（大般若経をとびとびに読む転読《てんどく》の法会《ほうえ》）が行われる。それが終わると、領主にもその年の平安を祈った祈禱札《きとうふだ》や、供物《くもつ》のアライヨネ（水で洗い清めた米）が届けられた。なお、この村の大般若会は、一年に三回（正月・五月・九月）も執行される習わしで、その費用は村と領主が分担しあっていた。

正月の大般若経の転読は、その年の村と家の安全や豊作を祈る、初祈禱である。のちの民俗でも、正月に村の寺で虫除《むしよ》けや悪魔祓《あくまばら》いに大般若の祈禱をし、その祈禱札を村の境界などに立てたり、紙札に「蘇《そ》民将《みんしょう》来《らい》の子孫なり」と書いて、折り畳んで棒にはさんだ牛玉杖《ごおうづえ》を、田に水を取り入れる水口《みなくち》に立てる習俗が、広く知られている。

三毬打の竹

一月十四日には、東荘から京の領主館へ、数百本もの「三毬打《さぎちょう》の竹」が、柴《しば》（雑木の枝）・藁《わら》・ウラジロ（シダの葉）などを添えて、納められる。

三毬打というのは、民俗の火祭りで、トンド（ドント）ヤキとかサイノカミとも呼ばれ、柴・藁・ウラジロなどは、その火祭りで燃やす材料である。京の領主館では、三本から五本ほどの長い竹を支柱にし、その周りに柴・藁・ウラジロ、さらに正月飾りの門松などを添えて、いくつもの大きな円錐形に組み上げていた。柱に五十一本もの竹を使う、規模の大きい三毬杖《さぎちょう》を作る年もあった。次の日には、それに火をつけて、大がかりな火祭りを演出する。

なお、柴を納めるのはこの日だけでなく、正月十四日（小正月）・五月五日（節供《せっく》）・六月三十日（夏越《なごし》の祓《はらい》）・七月七日（七夕）・十二月三十日（大祓《おおはらい》）と年に五回も、一年の大きな節目になる大切な行事のたびごとに納めることになっていて、もし滞納すれば厳しく催促された。

翌一月十五日には、「かゆ朝飯、在地《ざいち》三毬打《さぎちょう》」という記事がみえる。東荘の村でも、小正月の粥祝《かゆいわい》と火祭りが行われていた。「かゆ朝飯」というのは、小正月の朝に特別にいただくかゆのことであるが、「小豆がゆ」を食べたのかどうか、定かではない。

京の領主館の火祭りは、朝まだ暗いうちに行われ、火の中には一月七日に行った吉書も入れて焼かれた。のちの民俗でいうキッショアゲ（吉書揚げ）にあたり、書初め（吉書）を門松などとともに燃やし、火の勢いでその灰が高くたち上れば、手習いの手も上がる（習字が上達する）、などといった。

タナヤキ米

三月もなかばを過ぎると、日記には「タナヤキ米一袋上《あが》る、目出度《めでたし》」というような記事が目立つようになる。同じころ村からは、早蕨《さわらび》（ワラビ）・新茶・岩梨《いわなし》（木の実）など、さまざまな山野の初物《はつもの》も、あいついで届けられている。

ただタナヤキ米にだけ、もらって「目出度」いと書いているから、これだけは、ふつうの貢納品とも違う、とくべつの縁起ものであったらしい。「種米」ともいっているから、タナヤキ米は「種焼米《やきごめ》」のことらしい。田植えを間近に控え、大切な種籾の一部を焼米にして神々に供え、その年の豊作を神に祈り、神霊を種籾にこめる、村の予祝《よしゅく》の神事であったかもしれない。

夏　四月〜六月

夏祭り・節供・田植え納め

四月はじめの巳《み》の日は、村の東岩屋神社の夏祭りであった。

東荘祭・大宅祭・東岩屋神事・岩屋殿祭礼などともいわれていた。祭りが近づくと、村からは「祭酒《まつりざけ》の口あけ」とか「祭礼の酒、初穂《はつほ》」などといって、酒や強飯《こわいい》(おこわ)や干魚など、神々への供え物の一部が、早々と領主館に届けられる。代官大沢久守もこの日、京から村に下って祭りを見物し、その高揚ぶりを、「岩屋社祭りの笠、細工見事に飾る」などと書いていた。神輿《みこし》をはじめ華やかな飾り物の「祭りの笠」も、あいついで村中に繰り出して、賑わったようである。ただ天皇家の不幸など、何かよくない事件があると、「居祭《いまつり》」といって、神輿は神社の境内を出ず、神幸は中止になった。

五月五日は節供（のちの節句）の祝いである。

この日、東荘からは粽《ちまき》・蓬《よもぎ》・柴などが、節料《せちりょう》といって、京の領主館に届けられる。蓬は菖蒲《しょうぶ》とともに軒端に挿したのか、あるいは菖蒲湯に入れるためであったろうか。柴はこれで菖蒲湯をたいたのであろう。この日は、「当所（東荘）の湯屋にて、湯焚き入る」とある。このほかにも、しばしば領主や代官もよく東荘にやってきて、村の風呂（蒸し風呂）に入るのを楽しみにしていた。「当所の湯屋」というのは、この村の共同の浴場らしい。

五月の節供も終わると、「政所の衛門入道《えもんにゅうどう》、田植え（初め）とて、麦飯仕《つかまつ》り、本所（山科家）より御酒」とか、「三郎兵衛の所にて、夕飯……田植え納め」などの記事がみえるようになる。

このころ、村では家ごとに特別の麦飯などを作って、田植え初めや田植え納めなどを祝っていた。ときには領主（本所）も祝儀に酒を出して、村の政所（衛門入道）や有力な百姓（三郎兵衛）の家に招かれ、その祝いにあずかっていた。

のちの大宅村では、田植え初めはテハジメ、田植え納めはサナボリといった。それぞれにボタモチ（おはぎ）を作って、ソトメ（早乙女）・タウエサン（田植えさん）にふるまい、村の寺社にも供える習わしであったという。

五月の中旬ころ、東岩屋神社では、二回目の大般若会が執行される。領主も「大般若料《だいはんにゃりょう》」として、和紙や蠟燭《ろうそく》などをささげた。植え終わったばかりの稲苗の、つつがない生育を祈る、虫除けの祈禱であったろう。

竹子《たけのこ》・楊梅《やまもも》・枇杷《びわ》など、夏の季節の初物があいついで村から届けられるのも、このころからである。それを領主は「佳例《かれい》」（めでたいこと）だと書いていたが、村からのただの贈り物だったわけではない。「公事《くじ》竹子」といったり、「楊梅、例の如く出す」というように、「公事」つまり毎年決まった貢納品として、その数量も納期も厳しく定められていた。

茅輪くぐり

六月晦日は、夏の終わり、一年の前半の終わり、という大切な節目であった。

この日は、広く夏越の祓の行事で知られる。この日、東荘からは、柴と「ちくさ」が領主に納められた。時には「ほうしつと」つまり苞《つと》にいれた梅干が、六百〜八百五十粒ほど添えられることもあった。

「東荘より、ちくさ上り候なり、これにて、輪にさせ候て、用いらるなり」とある。「ちくさ」は茅草（茅萱《ちがや》）で、この日に京で行われる夏越の祓で、「茅輪《ちのわ》くぐり」に用いられた。茅萱が厄《やく》除けのマジナイになる、というのは古い習俗であるが、「ほうしつと」の梅干にも、おなじ意味が込められていたのかもしれない。

この日の村の様子はわからないが、のちの大宅村では、岩屋神社の茅輪は、青竹を輪にして、その周りにシデ（垂。神供《じんく》につける木綿や紙の飾り）をつけ、ナゴシノマツリの祭場への出入りにくぐった。その茅輪を作るのは、中世に村の政所もつとめ神社の氏子総代でもあった、沢野《さわの》井《い》家の役とされていた。

秋　七月〜九月

七夕から盆まで

七月に入ると、東荘から竹・縄・藁・酒が届けられる。

竹は「柱、苦竹《にがたけ》」ともあるから、のちの民俗でいうアラタナの柱にした。これは領主館に七夕棚《たなばただな》か盆棚《ぼんだな》（精霊棚《しょうりょうだな》）を作るためであったらしい。なお、軒先にその年の新竹を立て綱を張って供物を掛けるとか、新しい竹で一坪ほどの棚を作り、藁や檜《ひのき》の枝でまわりを囲うという、のちの民俗の例がよく知られている。

七月七日には「東荘より花」という記事が目について、民俗の盆花迎《ぼんばなむか》えを思わせる。

盆花迎えは、キキョウ・オミナエシなど野の花を、正月の門松迎えのように、村の山から採ってきて飾るのである。村から届いた草花を、山科家では天皇（禁裏）にも進上する。この日、京の領主館では、大きい梶《かじ》の木の葉に和歌を認《したた》め、また梶の葉に盛った素麺《そうめん》を食べて、七夕を祝うのが例になっていた。

七月十三日の朝早く、領主は朝食の雑炊祝を済ませると、東荘に下る。

まず山科家の御影堂《みえどう》で先祖の墓に参り、村の大沢寺《だいたくじ》（現大宅寺か）に参った後、政所の家で湯に入り、百姓たちを招いて酒宴を開く。村の有力な百姓たちは、銭・茄子《なす》・柄杓《ひしゃく》・酒などを手土産に持ち、政所の家へ「生見玉祝《いきみたま》」にやってくる。

この日の酒宴は、「ヲトナの酒」とか「ヲトナイワイ」（ヲトナ祝）と呼ばれていた。ヲトナは村の有力な百姓たちのことで、彼らをヲトナ百姓といった。この「ヲトナイワイ」は、正月の「地下の酒」とそっくりである。年の後半のはじめに、あらためて領主側とヲトナ百姓のあいだで、固めの祝宴つまり「荘官、百姓一味の寄合」が行われることになっていたのであった。

七月十五日は、お盆の中日で、村の大沢寺では盆施餓鬼《ぼんせがき》が営まれ、領主も村人も寺に参る。

村からは魚・素麺・茄子などが領主に納められる。こうしたボンザカナ（盆肴）の贈答は、のちの民俗のお中元の習俗で、代官の日記には、鯖《さば》・はむ（ハモ）・塩引（塩鮭か）がよくみえている。鯖はボンサバ（盆鯖）といわれた刺鯖《さしさば》（塩鯖の乾物）のことで、ハモも京の夏魚としてよく知られている。

この日の領主館は、「蓮の葉の飯祝」で、蓮の葉に飯をのせ、さらに鯖・塩引・はじかみ（しょうが）などを盛って食べる。のちの大宅村では、盆の供え物を蓮の葉に盛って、オショウライサン（お聖霊さん）と呼んだという。

七月二十日ころになると、日記には「東荘より新米、今日はじめて上る、目出度、目出度」という、新米の上納を祝う記事があいつぐ。

領主も米を納めにやってきた百姓に、祝酒をふるまっている。また「当年酒始め」といって、村長の役をつとめる政所が、この年にはじめてできた新酒を持参したりする。この終《しま》い盆（民俗の地蔵盆）のころは、村がはじめて早稲《わせ》の新米や、それで作った新酒をささげる、嬉しい収穫祝いの時でもあった。

八朔・栗名月・年貢請文

八月一日は「八朔《はっさく》の祝」いである。

この日、村からは政所やヲトナ百姓たちが、八朔の礼に餅籠《もちかご》・柿・栗枝・新米・焼米《やきごめ》・酒樽など、秋の新しい収穫物をもって、京の領主館にやってくる。主筋や親戚に新米を配るという、民俗のタノミノセックを思わせるが、ちょうど七月のお盆に村で領主が百姓をもてなした「ヲトナイワイ」のお返し、つまり互礼の形になっているのが面白い。

この日は、領主に新米を納める「東荘御年貢始《みねんぐ》め」の日でもあった。といっても、本格的な稲刈りはまだこれからで、新米も一袋とわずかだし、栗も「栗枝」とあってイガつきのままだから、むしろ予祝の祝い物という色が濃い。これら八朔礼や年貢始めの納め物も、もとは、収穫を控えて田畠の豊作を祈る、神々へのささげ物であったに違いない。

のちの大宅村でも、この日はシゴトヤスミ（村の休み日）で、岩屋神社でお百灯《ひゃくとう》（八朔百灯祭）がある。その年の頭屋《とうや》（祭りの世話役）に当たった村人は、山の幸を神に供え、夕方には、神殿の左右にカワラケ（土器）のトーシミ（灯心）で五十灯ずつ火を点《とも》して、そこに田の害虫を寄せる仕掛けを作る。やがて一般の村人たちは、竹串を手にし、本殿のまわりをオセンド（千度参り）して、虫除けの祈願をしたという。

八月十五日には、決まって村から「白栗」一升ほどが届けられる。新米や酒が添えられることもある。この白栗は栗の初穂で、村ではその栗を中秋の月（栗名月）の供え物としたのであろう。

このころから、村役人（政所）たちが年貢《ねんぐ》請文《うけぶみ》をもってきた（年貢請文上る）とか、畠の台帳を書いてもってきた（畠帳《はたちょう》注し上る）などという記事が、しきりに目につくようになる。

いよいよ収穫の時を控えて、村の政所やヲトナ百姓たちが、例年並みに年貢を納めることを約束する、誓約書《せいやくしょ》（年貢請文）を提出する。そこには「本帳（台帳）のごとく、未進《みしん》（滞納）なく、取りざた（納税）申すべし」と明記されていた。こうして、年貢をめぐって、村側と領主のあいだに真剣なやりとりがはじまる。

この日、村からは百姓たちが、酒・魚などを手土産に領主館へやって来る。だが領主は、百姓の提出した請文や畠帳を厳しく点検して、「（稲を植えるはずの）田へ、勝手に大豆を植えたのは曲事《くせごと》（違法）だ」とか、「此の帳わるし、作人《さくにん》を記すべし」（この台帳はずさんだ、耕作者の名前がぬけている）などと、厳しくこまごまと文句をつけている。また政所やヲトナ百姓が、なんとか年貢を負けてもらおうと、わざわざ頭を剃り坊主姿になって、けんめいの嘆願に出かけたりもした。

秋祭り・栗年貢

九月九日は東岩屋神社の秋祭りである。

この日、村からは政所やヲトナ百姓たちが、お供えの餅や酒樽をもって、京の領主館に礼に出る。岩屋神社の秋祭りには、神社から大宅・大塚・椥辻《なぎつじ》の三基の神輿が三つの町内をまわる神幸があり、村人は鯖鮨《さばずし》を作って祝う。また中世には、このころ、東岩屋神社（神宮寺）で最後の大般若会が執行され、領主にも大般若札とアライヨネが届けられる。

また、この日は民俗のクリセック（栗節供）で、東荘が栗年貢を納めるのもこのころである。

領主の山科家では、納められた栗を、少しずつ公家仲間に配るのである。日記には、よく「栗御年貢……小さき間、返し下す」（栗の粒が小さいので、受け取れない）とか、「栗の善悪を申す」（栗の品定めをして、文句をつけた）とか、「栗御年貢、今日、大に直し納む」（栗の粒が小さかったので、大きい栗に取り替えさせた）などとみえている。領主側は、大粒のいい栗が納まるよう、厳しく目を光らせていたのであった。

ある年には、政所も、栗年貢を滞納したため、領主から「二斗四升、毎年納め申すべし」（毎年かならず二斗四升の栗を納めます）という、始末書を書かされていた。田畠の年貢だけでなく、栗年貢のことでも、村人と領主の間にはこうした厳しいかけひきが演じられていた。

冬　十月〜十二月

内検の酒・収納の酒、そして年貢納め

十月に入ると（時には九月中旬から）、最終的にこの村の作柄をたしかめる「東荘内検《ないけん》（作柄の調査）」がはじまる。不作の年など、村の方から内検を要請することも多い。

その日、村の代官として実質的にこの荘園を経営する大沢氏が、朝早く京から東荘に下る。まず政所で入浴して身を浄め、東岩屋神社に参拝し、絵馬や田楽《でんがく》を神にささげたのち、政所の

家で朝飯を食べ、昼には有力な百姓たちを招いて、またも「ヲトナの酒」の宴をもうける。百姓たちにふるまうための経費は、「内検料」という名目ですべて領主が負担した。

その日、村の百姓たちは、代官に「色々のわびごと」(侘言、訴えごと)をいいたて、稲が不作だった分、年貢を割り引いてほしいと要求し、なんとか「損免」(損害控除)を認めさせようとする。しかし領主の方も、今年はいつになく豊作だから一粒も負けられないとか、滞納や隠し田があるので、そんな交渉には応じられない、などとつっぱねたりする。

こうして、その年の作柄をもとに、村と領主が細かい年貢の折衝をして、課税額を決めた台帳(内検帳)を作る。この秋の「検注」の時、荘官・百姓が一堂に集まって、酒肴が出るのも、その席で村のもめごとが話し合われるのも、村の古い習俗であった。

村の内検は、風呂・宮参・絵馬・田楽・酒宴と、まるで神聖な祝祭のような、あらたまった雰囲気の中で行われていた。それを「目出度」といって喜んでいるのは、年貢はもともと神々へのささげものとされていたためかもしれない。

こうして内検が終わると、次は「すなう」(収納)である。

その日のために領主は、あらかじめ大量の米・麴《こうじ》を、「すなうの酒」(収納の酒)に仕込み、魚・芋・大根・鰹節《かつおぶし》・豆腐・酒・昆布・味噌などを、「収納の用」にたっぷり用意する。その費用もすべて領主の負担らしい。

収納の日、領主は村の政所の家に、政所やヲトナ百姓たちを、多い年には三十人ほど（おそらくヲトナ百姓のほとんど）を招いて、とくに「大酒」と料理をふるまう。そこには祝宴の雰囲気が満ちている。ただ、この日に年貢を納めたという記事は一つもないから、この「東荘収納」というのは、年貢の納期なのではなく、内検を終えて年貢の割り当てが決まったのを祝う日であったらしい。一年を通して、領主側（代官）が身銭を切って村人を接待する、「ヲトナの酒」の宴が多いことに驚かされる。

やがて十一月に入ると、「東荘より米上《あが》る」とか、「東荘へ去年の未進（滞納）催促」というような、年貢がらみの記事が、急に目立つようになる。年貢の取り立てがいよいよ本格化する。

ホタキの神事と成人の祝

十一月はじめの巳《み》の日の夕方は、東岩屋神社でホタキ（火焚）の神事が行われる。

この日、その供物の一部が、村から領主館に届けられる。のちの民俗にも、穀物の霊に豊穣を感謝し、霊の新たな再生を願って、稲の藁を焚いて穀霊を送るオヒタキ（火焚）祭りが、京の一帯などで広く知られている。

いまの岩屋神社のオヒタキは、四月の夏祭りの時だけに行われている。その儀礼は、神社の境内に、四隅に青い笹竹を立ててシメナワを張った祭場を作り、その中央に、まわりを檜の葉で囲い、祈禱につかう護摩木《ごまぎ》や、神社の古いお札を積みあげて火をつけ、神官が大祓《おおはらい》の詞《ことば》をとなえてハライをする。中世の冬のオヒタキの様子がしのばれる。

またこの十一月は、村人たちが成人を祝う、元服《げんぷく》・ヲトナ成りの季節でもあった。村のヲトナ百姓の子が元服する時、親子は数々の祝いの品のほかに、銭二〜三貫文をもって代官を訪ねる。代官はこの村の子の烏帽子親《えぼしおや》をつとめる。もとは成人する子どもに、烏帽子という被りものを与えるという、戴冠式を主宰する役目であったが、十五世紀のこのころは、子どもにいままでの童名《どうみょう》の代わりに、新しい成人の名前を付けてやり、刀一腰を与え、酒でもてなして、祝ってやった。中世のどこかで、成人式の中心が、戴冠式から帯刀式に変わっていた。これが「刀指《かたなさし》の祝」で、中世の後半には、村人も成人すると刀を指した。

その青年がさらに成長し、一人前と認められてヲトナ成りすると、兵衛・衛門・大夫などの付く、格式あるヲトナ風の名前に改め、村をおさめる政所に連れられ、銭・酒・鯛・昆布・強飯（おこわ）などをもって、やはり代官の所へ挨拶に出る習わしであった。それは、青年がいよいよ一人前になる祝いで、村の成人の儀礼にも、領主（代官）は深くかかわっていた。

歳暮・算用・餅つき

十二月も十日を過ぎると、村から政所やヲトナ百姓たちが、京の領主館に歳暮《せいぼ》の礼に出かける。

「正月酒」の酒樽をはじめ、串柿・栗・大根・松茸《まつたけ》・くさびら（キノコ）などの産物や山菜の類、さらに湯筒（湯桶、茶器）・柴・割木《わりき》（薪）・煤掃《すすは》き竹・銭など、村からの歳暮の品々は、じつにさまざまである。歳暮とはいっても、ただの贈り物ではなく、その多くは毎年決まった貢納品になっていたらしい。また村の東岩屋神社からは、「巻数《かんじゅ》」といって、年末の特別な祈禱札が、領主への歳暮として届けられる。

十二月二十七日になると（古くは二十四日であった）、村の政所がヲトナ百姓と一緒に、年貢の決済にやってくる。

「政所の衛門、算用《さんよう》に上る」とか「御けつつけ（結解）のため上る」というような記事がそれで、年貢の決算をすることを、算用とか結解（けつげ・けちげ）と呼んでいた。この荘園の一年の納め物を総決算する日である。「御算用とて、こわいい（強飯）持ち来る」などとあって、この日、村では強飯を炊いて、決算の終わるのを祝ったものらしい。

算用・結解というのは、領主と村の政所・ヲトナ百姓が立ち会いで、この年一年に村がどんな産物を納めてきたか、どんな仕事に人夫を何人出したか、その明細をすべてたしかめ、未納の分や領主に前貸しした分なども一つずつチェックして、決算書（算用状）を作るのである。計算の上で、なお「未進（滞納）一石九升、代三貫七百七十九文」というように、年内にすべての税を納め切れず、滞納が出る年もあり、むしろ年内に完納しきっていない年の方が多いようである。

最後に、十二月二十七～二十八日には、村から領主館に餅が納められる。

このころが、村でいっせいに餅をつく日であったらしい。のちの大宅村でも、同じ日に餅をつき、大祓の行われる三十日に、岩屋神社にオオカガミ（大鏡餅）二枚をささげて、帰りにはお札（巻数のことか）をもらって帰るのが、村の習わしとなっていた。

村から領主に納める餅は、へんついの餅[★補注2]（未詳）三・大鏡餅三十・鏡餅八～十四・花びら餅三百～九百と、年によって数は違っていた。また、ウラジロ（シダの葉、正月飾り用）・ひらき豆（打ち豆）・柴・藁・割木・味噌・酒樽なども届けられる。領主館が正月を迎える用意は、村からもたらされる現物の貢納品の数々によって、この日にはすべて調うのであった。

こうして、戦国のはじめ（応仁・文明の乱のあと先）のころの、一つの荘園・一つの村の四季の歳時記が、まとまった姿をみせてくれた。領主と村の政所とヲトナ百姓たちは、村の祝祭をめぐって、意外なほどに深く交わっていたし、「ヲトナの酒」などといって、領主の代官が百姓たちをもてなす機会が多いことにも驚かされた。その一方で、こと貢納のことになると、互いにじつに厳しく応酬し合ってもいたのであった。

村の納め物は、初春の「山口の餅」から、歳末のウラジロにいたるまで、季節ごとの新鮮な産物が、そのつど現物で領主に届けられていた。それはあたかも、村の四季の祝祭にちなむ、神々への供え物のようであった。そうした納め物を支える、年貢請文・内検・収納・算用など、厳しい貢納の仕組みも、村の歳時記の中にしっかりと組み込まれていたのであった。

これで、中世の領主の日記から「村と領主の歳時記」を作ろうという、小さな試みを終わる。こうした作業は、中世の村と領主の実像を、村々の四季の生活のレベルで明らかにする、大切な出発点となるに違いない。★補注3

5 村からみた領主

領主はいつも悪玉か

ふつう領主といえば、中世では「ミミヲキリ、ハナヲソギ」と脅して村人をこき使い、近世でも「百姓《ひゃくしょう》は生かさぬように、殺さぬように」とうそぶいていたと、日本史の教科書でも評判はさんざんである。

そのおかげでか、「横暴な領主、みじめな民衆」「圧政と貧困」という、ひどくネクラな中・近世史像が、ほとんど通念といえるほどに、広くゆきわたっている。だが、よく考えてみると、これでは善玉・悪玉論と同じことで、講談の世界でならともかく、まともな歴史の見方としては単純にすぎるだろう。

ごく最近、権力とは何かという問いに、ある都市社会学者が「支配なき権力もなければ、保障なき権力もない」と答え、「権力論がとかく一方的な抑圧論に終始してしまうのも、この保障との関係を欠落させるためである」といって、素朴な悪玉領主観を強く批判している。[1]

そこで、今あらためて問うてみよう。いったい領主というのは、中世社会の生命維持装置《サヴァイヴァル・システム》の中に、何をすることでその存在を許されていたのか、と。

本書のはじめに私は、あいつぐ戦争の危機にのぞんで、村の百姓たちは領主に「村の平和」を保障する責務を強く求めていた、という事実を知ることができた。ここではもう一度、村の生産の現場にたちかえって、領主ほんらいの職責は何であったかを追ってみよう。

御成敗の不足

京の町がひどい飢饉に見舞われていた、寛正《かんしょう》二年（一四六一）夏のことである。奈良に住む高僧（興福寺《こうふくじ》大乗院《だいじょういん》の門跡《もんぜき》）尋尊《じんそん》が、これは伝聞だが、と断ったうえで、その日記『大乗《だいじょう》院寺社雑事記《いんじしゃぞうじき》』に、こう書いていた。

将軍はある僧侶（勧進聖《かんじんひじり》）に命じて、毎日、京の六角堂の前で、食べ物の施《ほどこ》しをさせていたが、飢え死にする人々が後を絶たないので、止めてしまったそうだ。去年は諸国がひどい旱魃《かんばつ》だったうえに、河内《かわち》（大阪府）・紀州《きしゅう》（和歌山県）・越中《えっちゅう》（富山県）・越前《えちぜん》（福井県）などで、兵乱《へいらん》が続いたためだ。これらの国々の人たちは、食を求めて都に流れ込み、みな飢え死にしている。

尋尊は、さらにこう続ける。

兵乱においては、御成敗《ごせいばい》不足の故なり。歎くべし、歎くべし。

旱魃は天災だが、京都のひどい飢饉は、河内などの戦争で、難民が流れ込んで起きた人災である。その戦争が起きたのは、将軍足利義政《よしまさ》の「ご成敗の不足」（失政）によるものだ。それでも、（勧進聖まかせの施しとはいえ）将軍が難民の救済に乗り出したのは、少しは自分も責任を感じたからだろうかと、将軍の失政に鋭い批判を浴びせていた。

この寛正の飢饉には、ほかにも「諸国の人民、餓死す。京城《けいじょう》（京都）に来たりて死す者、数を知らず」という証言がある（『如是院年代記』）。京のまわりの国々から都へ、飢えた難民が切りもなく流れ込んでは死んでいる、というのである。

さらにこれより四十年前、応永《おうえい》二十八年（一四二一）の大飢饉の時も、

去年、旱炎《かんえん》、飢饉の間《あいだ》、諸国の貧民上洛し、乞食《こつじき》充満。餓死者数を知らず路頭に臥す。

「諸国の凶作↓飢饉」「都へ向かう難民↓乞食↓餓死」と、飢饉のたびに、まったく同じ事態が繰り返されていたのであった。

さかのぼって鎌倉時代でも、「二年大旱《たいかん》」といわれ、大凶作のあいついだ建久《けんきゅう》初年（一一九〇）、村を捨て都に入り込んで盗みをはたらく「辺境浮食（浪）の徒」の取り締まりが、大きな問題になっていたが（『三代制符』）、これも同じ現象だったに違いない。

ついで同じ鎌倉時代の寛喜《かんぎ》三年（一二三一）の大飢饉でも、

近日、飢饉は甚《はなは》だしきの間、京中在地人《ざいちにん》ら、合力《ごうりき》して富家《ふか》に押し入り、飲食の後、銭《ぜに》、米など数多《あまた》を押借《おしか》り……。

と、京の住民たちが金持ちの家を襲っては、ただで飲み食いし、その家から銭や米を勝手にもちだしている、と報じられていた（『皇帝紀抄』）。

つまり、もう中世のはじめから、日照りや長雨で村々が凶作から飢饉になるたびに、近郊や辺境の村々から、貴族（荘園領主）や富豪（酒屋・土倉）たちの富が集中する京に向かう難民たちの激流を生んでいたのであった。周りの諸国の村々の旱魃や凶作だけでは、権力の中枢である都は、めったに飢えない。都の惨状というのは、明らかに周囲に引き起こされる戦争と難民が引き金で、その原因は将軍の悪政にあるのだ。先の尋尊の言葉は、そう指摘していた。中世の都市型飢饉の本質を、これほど鋭く突いた論評を、私はほかに知らない。

だが、大飢饉について、領主の責任を糾弾《きゅうだん》していたのは、尋尊のような高僧だけではなかった。寛正の飢饉が起きたころ、河内から都に難民となって流れ込み、街頭に行き倒れた子づれの母親が、「私は河州の流民《かしゅうのるみん》だ」と名のって、その苦しみをこう語った、という（『碧山日録』）。

三年大旱《たいかん》、稲粱《とうりょう》登《みの》らず。県官酷虐《けんかんこくぎゃく》、租《そ》を索《もと》めて、少しも貸さず。

故郷の河内では、三年つづきの旱魃と凶作の中で、領主は厳しく年貢を取り立てるばかりで、少しも助けてはくれなかった。そこで、やむなく都に食を求めて村を棄てた、と。やむなく故郷を棄てたのは、旱魃のためだけでなく酷虐な領主のせいだ、というのである。折しも河内は、領主たちが争いを繰り返す戦乱のさなかにあり、戦争がこの国の飢餓をいっそうひどくしていた。

また、やはり飢饉と戦乱あいつぐ十六世紀はじめ、先にみた和泉の日根荘一帯でも、村人がこういい放っていた（『旅引付』）。

①〈村に住む身勝手な領主に〉当荘《とうしょう》にて、在所《ざいしょ》を御ふまえ（て）こそ、至極《しごく》の御成敗《ごせいばい》。
②〈襲ってきた粉河寺《こかわでら》の兵に〉何《いず》れの御方《おんかた》たりと雖《いえど》も、ただ強き方へ随《したが》い申すべき也《なり》。

①村に腰をすえ村を守ってこそ、いい政治（至極の御成敗）というものではないか。②われら村人には、領主など誰だって構わない、ただ強くて頼りになる方につくだけだ、と。

また戦争でひどい濫妨狼藉《らんぼうろうぜき》（略奪暴行）にあった、越前の河口荘（福井県あわら市）の百姓たちも、「荘内荒れ果て……地下《じげ》にありがたく候」（戦火に荒れ果ててしまい、村には住めなくなってしまった）といい、荘園の領主に向かって「荘内安穏に候のように、ご成敗あるべく候」（荘内が安心して暮らせるよう責任ある政治を）と訴えていた（『大乗院寺社雑事記紙背文書』）。

名のある高僧が天下の将軍を「御成敗の不足」と批判すれば、無名な荘園の村人も、自分たちの領主に「至極の御成敗」「荘内安穏の御成敗」を求め、領主はその果たすべき責務を全《まっと》うせよ、と厳しく迫っていたことになる。

中世の人々が、天下の将軍にも、荘園の領主にも、それぞれ固有の職責があるとみて、イザという時、その遂行を強く求めていたことは、まず間違いあるまい。いったい領主とは何をすべき存在だったのか。それを探るのが、この章の主題である。

『庭訓往来』の世界から――期待される領主像

中世の期待される領主像を探る有力な手がかりは、『庭訓往来《ていきんおうらい》』である。

この本は、江戸時代末には庶民の手習いの教科書として有名になったが、じつは十四世紀の後半、南北朝動乱期の作らしく、古くは至徳《しとく》三年（一三八六）の写本が、いまも伝えられている[2]（出雲市神門寺蔵）。その内容は、中世の領主たちに必要な、さまざまな実用的な教養を、十二か月の手紙の「往来」、つまり月ごとの往復書簡のかたちで説いている。中世の古写本だけでも、四十余種ほども知られるというから、かなり広く読まれたものらしい。

たとえば、寛正四年（一四六三）、備中新見荘《びっちゅうにいみのしょう》（岡山県新見市）の地頭方の政所が、襲われて火をかけられた時、焼け残った蔵から、家財にまじって、何冊かの本が出てきた（『東寺百合文書』）。その中に、「手本」いろいろ（お習字の手本が各種）、『式条本《しきじょうぼん》』（鎌倉幕府の御成敗式目《ごせいばいしきもく》）一冊、「字画《じかく》」（字引）三冊などとともに、『庭訓往来』一冊があった。これらの本は、荘園をおさめる現場に必携とされた、領主たちの大事な参考書だったに違いない。

その『庭訓往来』のうち、三月の手紙のやりとりが、ことに面白い。

春たけなわの旧暦三月、都の荘園領主につかえる若い男が、荘園の現地代官に任命され、はじめて田舎に下っていった。まもなく現地から、「まずは荘園の境界や道路の状況を、みまわってたしかめました」という、はりきった着任の報告が届いた。それでも、都の領主館にいる先輩の男は、経験の浅い出先の若者が心配でならず、自分の体験をもとに、現地代官の心得《ノウハウ》を、こまごまと書き記して、手紙（往状《おうじょう》）を出した。

①赴任（御《ご》領《りょう》入部《にゅうぶ》）し、境界（四至《しいし》榜示《ぼうじ》）や道路（阡陌《せんはく》）の確認がすんだそうで、何よりです。

②村人たちが歓迎のもてなし（厨《くりや》、垸飯《おうばん》）をしてくれるでしょう。

③それが済んだら、村の世話役たち（沙汰人《さたにん》ら）を呼んで、土地や課税の台帳（地下《じげ》目録《もくろく》、取帳《とりちょう》以下の文書）、それに、納税の先例の申告（済例《せいれい》、納法《なっぽう》の注文《ちゅうもん》）を提出するよう、指示しなさい。

④もし書類を隠したり、帳簿をごまかしたりする者（容隠《ようおん》の輩《ともがら》、隠田《おんでん》の輩）があれば、厳しく処罰するから、名前を通報しなさい。

⑤春の仕事（東作《とうさ》業《ぎょう》）は、まず今年が大雨か日照りつづきか（水《すい》、旱《かん》の年）をしっかり予

測し、その判断に応じて、条件のいい耕地・悪い耕地（腴《ゆう》、迫《はく》の地）を、村人に公平に割り振り（所務《しょむ》）するように。

⑥もし荒れたままの耕地（開作《かいさく》すべきの地）があれば、よその農民を招いて、復旧（開発《かいほつ》）につとめなさい。

⑦用水（堤《つつみ》、井《い》、溝《みぞ》）の修理（用水《ようすい》の便《たより》）は、村人（土民《どみん》の役）に割り当てて、実施しなさい。

⑧代官が自分で直営する田の経営（佃《つくだ》、御正作《みしょうさく》の勧農《かんのう》）は、肥沃な田（熟田《じゅくでん》）だけを選び、

⑨村人に種子や食糧（種子《しゅし》、農料《のうりょう》）を貸（下行《げぎょう》）し、

⑩さらに必要な農器具（鋤《すき》、鍬《くわ》、犂《からすき》等の農具）も貸し与えて、

⑪多くの品種（粳《うるしね》、糯《もちい》、早稲《わせ》、晩稲《おくて》等）を植え付けるように。

⑫そうすれば、秋にはきっとよい収穫（西収《せいしゅう》）が期待できるはずです。

先輩の手紙はまだ長々と続くが、現地代官のなすべき仕事（領主の職責）を知るには、とりあえず、これで十分であろう。

やがて、新米の代官からは、現地の様子を知らせる返事（来状《らいじょう》）が届く。どうやら若者は、田舎の習わしになじめず、だいぶ苦労しているらしい。

⑬まずは吉書《きっしょ》を、いい日時（吉日良辰《きちじつりょうしん》）を選んで、滞りなく行いました。いま荘園では、野良仕事がたけなわ（耕作《こうさ》業《ぎょう》の最中《さいちゅう》）です。

⑭ただ、荘園内の徴税の明細（土貢《どこうのいんずう》員数等）がいまだにつかめず、困っています。帳簿や先例（地下の文書）を早く申告するよう、村人に命じたのですが、村の世話役（沙汰人ら）は、「紛失してしまって」とか「ごたごたに紛れて」（あるいは紛失、あるいは失墜《しっつい》、錯乱《さくらん》の由《よし》）など、言を左右にして、いまだに提出してきません。

⑮どうも荘園の連中（御領《ごりょう》の田堵《たと》、土民、名主《みょうしゅ》、荘官《しょうかん》等）は、結託して、何か「野心」を企てているらしいのです。なんとか強く出て決着をつけ、はやくご報告に参上したいものです。

ここには、まだ経験の浅い都会育ちの代官が、はじめての田舎暮らしで、荘園の人々の「野心」を秘めた駆け引きにもまれて、もみくちゃにされている様子が、じつによく描かれている。もういちど『庭訓往来』三月状のいう、荘園現場の領主の職務のうち主なものを、キーワードを付けてまとめてみよう。

①［境界］赴任したら、まず領域の境界や道路を確認する。
②［吉書］吉日を選んで、吉書の儀式をする。
③［指出《さしだし》］土地や課税の台帳、納税の先例を、村から申告させる。
④［散田《さんでん》］春に天候を予測し、村人に耕地を公平に割り振る。直営田には肥えた田だけを選ぶ。
⑤［開作］荒れた耕地は、よそからも農民を集めて、復旧につとめる。
⑥［用水］溜池《ためいけ》や水路や溝の修理は、村人に割り当てて行う。
⑦［種子・農料］村人に作物の種子や食糧・農具も貸与する。

これらの仕事こそが、現場の領主に必要な心得《ノウハウ》の核心であった。

領主たちの実務参考書『庭訓往来』は、これらをひっくるめて、「所務」とか「勧農」と呼び、それをみごとにやってのけるのが、期待される領主像だ、と教えていたのであった。「ミミヲキリ、ハナヲソギ」と百姓を脅したといわれる非情な領主にも、本来果たすべき職責があったことは、まず疑いなかろう。いったい①〜⑦のような仕事の内容は、どれだけ中世の村の現実に根ざしていたのであろうか。

領主と百姓の「契約」

任地についた若者は、まず吉書を済ませたと報告していた。よほど大切な行事であったらしい。この儀礼は、ふつう「吉書始め」とか「吉書の儀」と呼ばれて、4章でもふれたが、中世の社会には、年のはじめや領主の替わり目ごとに、かなり広く行われていた。

それは、僧侶や神主などの聖職者をなかだちにして、①ともに、神々の祭りを大事にする、②領主は、春の勧農につとめる、③百姓は、秋の貢納を守る、と互いの責務を決まった型の文書（三箇条吉書）に明記して、村の有力な百姓たちが、村を代表して、じかに領主と交わす、年のはじめの誓約《せいやく》の儀礼であった。[3]

つまり、貢納が百姓の義務なら、勧農は領主の義務で、それを明記した吉書というのは、百姓と領主の間の双務協定にほかならなかった。まるで年ごとの契約更改のように、年のはじめに領主が村人を集めて、自ら責務を明らかにしたうえで、農民にも貢納を誓約させていたことになる。

どの吉書も三か条の文言はほぼ同じで、それだけ形式化していたことになるが、しかしそこにはかならず領主自らの責務も明記されていたことが重要である。勧農が領主の当然の責務だというのは、明らかに世の常識になっていた。

先の章でもふれたが、和泉の日根荘の例をみると、吉書に熱心だったのは、百姓より領主の方であった。たとえ百姓たちが何かの理由で領主に抗議し、山へ逃散《ちょうさん》してしまった正月でも、領主の方から酒肴《しゅこう》や引出物《ひきでもの》をもって村々へ出かけ、有力な百姓たちに頼みこんで、吉書の儀をやっていた（『旅引付』）。『庭訓往来』の新米代官が任地でまず吉書をしていたのも、おそらく同じことであった。

指出をめぐる駆け引き

さて、『庭訓往来』の新米代官は、吉書は無事に終えたものの、村人たちの「野心」で、指出（村況申告書）がいっこうに提出されない、と困り果てていた。それほど大切な指出というのは、いったい何だったのか。

十六世紀のはじめの丹波《たんば》の大山荘（兵庫県丹波篠山《ささやま》市）では、一院谷《いちいんたに》村の百姓たちが、

去《さ》る二十六日、御代官入部《にゅうぶ》候のみぎり、指出等、切々《せつせつ》に仰《おお》せつけられ候あいだ、昨日二十七日に、つかまつり候て出《いだ》し候。

といっていた（『東寺百合文書』）。はじめてこの大山荘に赴任してきた代官も、やはり現地の

村々に指出を求め、村の側もすぐに作って提出していた。『庭訓往来』にいう指出の話も、フィクションではなかったようだ。

同じころの越前では、指出の内容をめぐって、こんな紛争が起きていた。領主だった敦賀《つるが》の気比《けひ》神宮が、江良浦《えらうら》（福井県敦賀市江良）の領主権をよその領主に売り渡した時、新しい領主は、正月の吉書の日に「指出」をするよう求め、村では大判の用紙を五枚も貼りついだ、長文の申告書を提出した。

いまその指出をみると、そこには、村が領主に納める貢納（領主の取り分）の詳しい明細のほか、意外にも、「村の取り分」、つまり四季の節供《せっく》（節句）や村祭りや四季の農作業の大きな節目ごとに、領主が村にふるまう例になっていたさまざまな料理や祝儀《しゅうぎ》や酒手《さかて》の銭や飯米の数量などが、じつに細かく記されている。

ところが、これをみた新しい領主は、驚いたらしい。「領主の取り分」（村の貢納）にくらべて、「村の取り分」（領主の下行）が多過ぎる、こんな申告はとても認められないと、「指出」を村につき返してしまった。村の方もこれに反発して新しい領主を忌避《きひ》したばかりか、元の領主に迫って、村の売り渡しを撤回させてしまったらしい。

また、これは中世の終わりちかい天正十年（一五八二）のことである。紀州三上荘《みかみのしょう》の极沢《ぐみさわ》村（和歌山県海南市）が、粉河寺から村の願成寺《がんじょうじ》へ売り渡された。村の百姓たち十三名は、新しい領主に、年貢はかならず完納しますと、多くの神や仏の名にかけて連名で誓ったうえで、その誓約書（起請文《きしょうもん》）の最後に、こんなダメ押しの一文を書き加えていた。「われわれ村人が、ここに神仏にかけて誓う以上、領主の方も、もし違法なことをしたら、この誓約にそむいた罰を受けることになる」（『間藤家文書』）と。

つまり代替わりの誓約は、村だけが一方的にするのではなく、受け取った領主側も、この誓いと神仏の罰にしばられるのだ、というのである。吉書の契約と同様、やはり領主と村の関係は「お互いさま」だ、と考えられていた。また、この村では「指出の御儀《おんぎ》は、先規《せんき》の有様《ありよう》にてござ候」といっていた。指出に申告するのは、前々から決まった「領主の取り分」と「村の取り分」の先例だ、というわけである。

代替わりには、まず村の側から、貢納の明細や村の取り分など、さまざまな先例を申告させ、その査定をめぐって、時には激しく対立し、双方が納得してはじめて、新しい関係がはじまる。そんな支配の習俗が、中世もかなり早くからあった。意外なことに、領主とはいっても、自分で村の台帳を押さえていて、勝手に村からしぼり取れた、というわけではなかった。

この中世の習俗は、近世にもしっかり受け継がれていった。

江戸時代はじめの寛永《かんえい》元年（一六二四）のことである。信濃《しなの》の壁田《へきだ》村（長野県中野市）は、「今度、御国替《おくにがえ》（大名の交替）ござ候に付いて、御指出」をした（『高橋文書』）。ところがその直後に、村長にあたる肝煎《きもいり》の地位にあった新左衛門が、村人に背かれて失脚するという事件が起きていた。どんな指出（申告）をするかで、村人の間でもめたのが直接のきっかけらしい。

新左衛門は領主にこう訴えた。自分は「高斎竿《こうさいさお》の高（福島正則《ふくしままさのり》の検地帳）で御指出を」と主張したのに、作左衛門のやつは「右近殿《うこんどの》の竿の高（森忠政《もりただまさ》の検地帳）で御指出を」といって、百姓を味方につけた、と。

この村には、古い右近（森忠政）の検地と、新しい高斎（福島正則）の検地という、新旧二つの土地台帳があった。そのうち年貢の軽い古い検地帳で申告（指出）すれば村が有利なのに、なぜか新左衛門は気張って、負担の重い新しい検地の方で申告しようとした。そのため、負担の軽い方を主張した元肝煎の作左衛門に、百姓たちがみな味方して、自分は肝煎の職を追われてしまった、というのである。

事件の裏には、肝煎の職をめぐる村内の対立があったらしいが、注目したいのは、村の指出には、村の側に裁量や作為の余地があった、という事実である。

これより後のことになるが、江戸後期の農書『地方凡例録《じかたはんれいろく》』は、村差出明細帳《むらさしだしめいさいちょう》を解説して、

郷村《ごうそん》を（新しく）請取《うけとり》たるとき、右帳面に、村絵図《むらえず》、三十箇年割付《わっぷ》写《うつし》を相添《あいそ》え、役所へ差出さする定例《じょうれい》なり。

といっていた。

つまり、代替わりの指出の習俗は「定例」として近世に定着し、村明細帳・村絵図・割付(課税書)写が、指出の三点セットだった、というのである。江戸時代の村々で村明細帳や村絵図がどういうときに作られたか、また長年にわたる割付がなぜ大事に保存されたかが、これでよくわかる。

ところで、同じ『地方凡例録』は、こうもいう。もともと村の指出というのは、①村にもめごと(公事出入《くじでいり》)が起きた時の参考だが、②村が勝手に差し出す帳面だから、③さっと聞き流しただけで、握り潰していいのさ、と。何となく指出をもてあまし気味な論評が面白い。だが、果たしてここから指出の空洞化を読み取るべきだろうか。

たとえば、これは元禄《げんろく》十五年(一七〇二)のことである。和泉の村々が領主の城内で年始礼の席順を争った時、佐野村(大阪府泉佐野市)の庄屋は「寛永十七辰の年、御入国の節、指上げ申し候、陸浦《くがうら》の指出ならびに御礼の格式」を、証拠としてもち出していた(『藤田家文書』)。

ここでも領主のはじめてのお国入りの時、村々から「指出」が提出されていた。しかも、『地方凡例録』の①もいう通り、争いが起きた際の証拠にもされていた。「村方が勝手に差し出す帳面さ」などといっても、じつは領主と村の双方を明らかに拘束し、たしかに機能していたというべきであろう。

こうして吉書と指出は、もともと領主と村の間柄が、上からの一方的な抑圧ではなく、お互いの誓約と申告とに結ばれた、いわば契約の関係であったのだ、と教えてくれる。

種子・農料を貸す

吉書の中で村の領主に求められ期待されていた勧農とは、具体的にはどんなことだったのであろうか。次に『庭訓往来』のいう、種子・農料の貸し付けに注目しよう。

中世の社会の現実は、あいつぐ戦争の時代であったし、さらに間氷期《かんぴょうき》で地球が冷え込み、西欧でもアジアでも、したがって日本でも、程度の差はあれ、冷害・日照り・長雨のあいつぐ、凶作と飢饉と疫病と戦争の時代であった。

鎌倉の末ころ、万福寺《まんぷくじ》領（所在地未詳）の百姓たちは、用水池（堤）を造るというので、重い負担を要求された時、こういって領主に抗議していた（『金沢文庫所蔵文書』）。


ことしのけかつ（飢渇）ニ、いのちをたすかり、たねを、りせん（利銭）、すつこ（出挙）ニとり候て、田畠あらし候ハじと存《ぞんじ》候て、かうさくつかまつり候ところに、このつつみ（堤）あたり候ひやくしやう（百姓）ら、妻子のわかれをし候。なげき、そのかくれなく候。

今年の飢饉にも、領主から銭（利銭）や米（出挙米《すいこまい》）を貸してもらい、そのおかげで、飢え死にをまぬがれ、種籾《たねもみ》も手に入って、ようやく田畠を作ってきた。そこへこんなに重い負担では、もう妻子を売るほかに道はない、というのである。

はげしい凶作や飢饉のあいつぐ中世では、領主が村人に銭や米を貸し付け、春にはそれを種籾にもして、どうにか作付けをすませ、農繁期の厳しい労働のあいだも、村人はその借りた米銭を「農料」として、飢えをしのぎ、秋の収穫に望みをつなぐ、という暮らしが多かった。あいつぐ不作と、領主による不断の救済、それがあの『庭訓往来』のいう、種子・農料の貸し付けのほんらいの意味であった。

また、近江《おうみ》の朽木谷《くつきだに》（滋賀県高島市）の領主であった朽木家には、村々の百姓たちが領主に書かされた、十五世紀半ばの米の借り入れ証文（出挙米の借状）ばかりが、三十通ほども伝えられてきた（『朽木家文書』）。それらの証文をみて、まず目につくのは、長禄《ちょうろく》・寛正年間（一四五七〜六六）のものが二十四通と、じつに八割も占めている、という事実である。

折しも畿内・近国は、旱魃や長雨に痛めつけられ、「天下の疫死する者、無数」（『碧山日録』）とか、「旱炎により、餓死数千人」（『興福寺略年代記』）というように、ひどい飢饉と疫病に襲われていた。借状には借り入れに迫られた事情として、はっきり凶作や飢饉をあげてはいないが、この時期に多くの借り入れ（出挙）が集中する理由は、ほかに考えられない。

領主から出挙米を借りた人々は、ほとんどが地元の朽木谷の村人で、借りた季節は、春（十四通）と、夏（十二通）に集中し、それを返す約束の期限は、「来秋」か「十月中」に一定している。また借りた米の額は、ほとんどが一斗〜一石の範囲と、ささやかなものが多く、その担保（質物）には、借米一石につき田畠一反ほどがあてられていた。

領主の出挙米というのは、いわば危機管理の貸し付けであった。つまり、大凶作のさなかに、百姓たちがわずかばかりの春の種子・夏の農料を領主から借りて、かろうじて飢えをしのぎ、種籾を仕入れて耕作をつづけ、収穫の秋に利子をつけて返すのである。

このころの領主朽木家の財政の決算書をみると、とくに「地下（村）へ借す」という項目が立てられていて、年ごとに二十石前後の「出挙本米《ほんまい》」（元本）、それに対する「同利米《りまい》」（利息）が運用され、その収益が領主の財政の中で、かなり大きな比重を占めている。もとは危機管理が目的であった村々への出挙米の貸し付けが、しだいに領主の蔵《くら》を潤すようになっていた。

さらに戦国のはじめ、十六世紀になると、この領主朽木家の財政帳簿には、七十石を超える「郷内連判本米《ごうないれんぱんほんまい》」（元本）と、その約五割にあたる、三十五石あまりもの「利平《りひょう》」（利息）が、計上されるようになる。

その内訳をみると、「七石　椋川《むくかわ》連判米、十石　荒川連判米」というように、領内の村ごとに一〜十二石程度の米の貸し付けが行われている。まだ断定はできないが、いままでの個人あての貸し付けから、村々に運用をまかせる（村人たちが連判してそれを請け負う）、「出挙の村《むら》請《うけ》」に変わっていたらしい。

次は、天正十五年（一五八七）二月、若狭《わかさ》の太良荘《たらのしょう》成滝《なるたき》村（福井県小浜市）の例である。ここでは、九名の百姓たちが領主側に、こんな申請をしていた（『高鳥家文書』）。

太良荘成滝村田畠《でんぱた》のこと、米御貸し相成り候わば、がいぶん、たねかいたずね、あり次第に、じょざいなく作り申すべく候。されども、たね御座なき分は、成り申すまじく候。まめ、ひえをも少しも植え申すべく候。……しかれども、皆までは作ること成り申すまじく候。

もし米を貸してもらえれば、それを元手に種籾を買い求め、間違いなく稲の作付けができますが、もし種子が手に入らなければ、せめて豆か稗《ひえ》などの雑穀でもいいから、植えたいものです。それにしても、とても全部の田畠に植え付けるのは無理でしょう、というのである。

もし種籾を買う米を貸さなければ、今年の耕作はできないと、領主に危機管理の責任をあけすけに求める、脅迫めいた村人たちの口ぶりが印象的である。

種子・農料を百姓に給付（下行）することは、近世になると、種貸《たねかし》（種借）・夫食貸《ふじきかし》（夫食借）と呼ばれるようになる。村長（庄屋・名主・肝煎）をはじめ、村の有力な百姓だった村役人たちも、村の危機管理に大きな責務を負わされていた。

寛永二十年（一六四三）正月は、寛永の大飢饉のさなかであったが、その時、飛驒《ひだ》高山藩の出した村肝煎（庄屋）の任命書に、こう明記されていた（『大前久三郎氏所蔵文書』）。

右の村肝煎、かくの如《ごと》くにあい定め候あいだ、

①当年より、百姓の高下、善悪を見届け、御借（貸）し米をも借（貸）し、田地荒れざる様《よう》に、油断なく申し付くべく候。

②申すに及ばず候えども、走《はしり》百姓ども召し出し、帰らざる所は百姓を付け、当暮（年末）に年貢つぶさに納所《なっしょ》の分別《ふんべつ》を仕《つかまつ》るべく候。

③小《こ》百姓無沙汰《ぶさた》候とも、肝煎の越度《おつと》に申し付くべき者也《なり》。

村の肝煎たるもの、①百姓の暮らしぶりをよく観察し、必要なら米の貸し付けをし、田畠が荒れないようにつとめ、②夜逃げした百姓たちは呼び戻し、無人のままの耕地は他の百姓に耕作させ、年貢を完納するように、③もし小百姓が滞納したら肝煎の責任だ、というのである。

大凶作・飢饉に見舞われた村々は、肝煎の種貸がなければ、百姓はとても田地を維持できないという、ぎりぎりの状況におかれていたのであった。この①〜③の仕事は、先の『庭訓往来』にそっくりである。これらの職責こそが、もともと共同体ほんらいの生命維持の仕組みだったに違いない。

とつぜん村々を襲う、自然の災害・飢饉・疫病・戦争などイザという時、領主は村々の求めに応じて、春にまく種籾から、夏場の激しい労働の食料(種子・農料)までも、村々に貸し付けて(出挙)、村の農耕を守るべきであった。また村の長老たちも、能力に応じて村や地域のために努力し、私財(徳)を放出するのが当然(慈善は富裕者の当然の役目)と期待され、その善行によって有徳人《うとくにん》と呼ばれもした。

領主や村役人による種貸・銭貸は、もともと村人の生命を維持するのが目的で、高利を取るのはその結果に過ぎなかった。

湖岸の村の裁判記録から

このような領主の職責(勧農)に強く期待し、徳のある政治(徳政)を求める、村人自身の世直し観を探ってみよう。

琵琶湖の東岸にあった、中世の安治《あわじ》村(滋賀県野洲《やす》市安治)は、隣り合う湖岸の須原村や野田村と、岸辺に生える蘆《あし》の刈り取りのナワバリ（当知行《とうちぎょう》）を争って、領主の替わるたびに、裁判沙汰をきりもなく繰り返していた。その蘆（よし）は、よしずの材料、紙の原料、燃料や漢方薬などに用いられ、高い需要があったという。

その安治の村に伝えられた古文書群『安治区有文書』は、湖に生きた戦国の安治が、自力で村の権益を守ってきた証であった。もしもよその村が、安治のもつ湖のナワバリを侵したら、①一味同心《いちみどうしん》して、実力で相手を追い出そう。②手柄をたてた者には、村から褒美《ほうび》を出そう。③もし村人に犠牲が出たら、その子孫には長く課役を免除しようと、村（惣中）として申し合わせていた。

つまり、村は全員一致でまとまって行動する「一味同心」をたてまえとし、自力で武装して、武力に訴えるのもいとわず、手柄には報奨を、犠牲には補償を与える、という仕組みまでも作り上げていたことになる。

ただ、武力でナワバリを争うといっても、湖岸の村々が果てしもなく流血の争いを重ねていた、というのではない。ナワバリ争いの裁判の裏には、意外な歴史が秘められていた。安治村は近くの須原村と湖岸の蘆刈りの利権を争い、「安治村申し上ぐる条々」という訴状を書いた時、これまでの争いのいきさつをこう強調していた。

安治と須原の蘆のナワバリ裁判は、これでもう四回目になります。しかし、いつも先に裁判に訴え出るのは、決まって須原の方でした。この地域はこれまで領主が目まぐるしく替わりましたが、①永原殿の時、②佐久間殿の時、③上様（織田信長）御代官の時、④進藤様の代になって、という具合に、領主の替わるたびごとに、須原村は決まって裁判を起こしてきたのです。今度の替わり目にもきっと訴え出るに違いありません、と。

これまでの裁判沙汰は、いつも訴えに負ける相手の村が、決まって領主の替わり目に、失地回復をねらって起こしたものだ、というのである。安治に残るナワバリ争いの文書の数々も、この主張を裏づけている。この訴状は下書きらしく、後半が欠けているが、安土落城の後にまた村々の領主が替わると、安治も須原に対抗して、急いで行動を起こそうとしていた。いつも裁判に勝ってきた安治も、領主が替われば安心してはいられなかった。

この安治の訴状のいう通りなら、湖岸の村々はむやみに裁判を起こしていたわけではなく、前の領主で敗訴した村が、領主の替わるごとに、新しい領主から勝訴の判決を勝ち取るために起こした、失地回復の訴訟だったことになる。前の領主の裁判で負けた村にとって、領主が替わるのは、きっと「世直（よなおり・よなおし）」のチャンスだ、と考えられていたのだ。「領主の替わる時は世直しの時」という意識が、広く戦国の人々に共有されていなければ、領主の替わるたびに、湖岸の小さな村々が自分の権益を主張して行動を起こすはずがない。

安治の村の中世文書は、明応六年《めいおう》（一四九七）から文禄二年《ぶんろく》（一五九三）まで、ほぼ一世紀にもわたり、土地台帳類の断片（断簡）を含めて、延べ百三十点を超える。ところが、なぜかそのほとんどが、信長前後のごく限られた時期に集中し、とくに、

①天正八年（一五八〇）九月～九年四月

②天正十年（一五八二）九月～十一年正月

という二つのピークに、全体の約七十パーセントに当たる八十点ほどが集まっている。それは、安治の地域が、信長を取りまく歴史の変動に深くかかわっていた、という証である。この小さな村に、織田信長のころの古証文が、これだけまとまって残されたというのは大変なことである。

まず①の時期というのは、天正二年（一五七四）以来、近江のうち野洲郡・栗太《くりた》郡の領主となっていた信長の重臣佐久間《さくま》信盛《のぶもり》父子が、だいじな戦場で怠けたという理由で、とつぜん追放の処分をうけ、領地を没収された直後である。

旧佐久間領の没収に当たった安土城の奉行衆は、村々に命じて、もとの年貢や課役の内訳を詳しく申告させた。それが、安治にたくさん残る天正八年の「指出」の類である。一方、湖岸の村々も、領主が替わったというので、再び湖のナワバリを争う、訴え（申状《もうしじょう》）を提出した。蘆のナワバリ裁判の書類や村掟が翌九年四月に集中するのはそのためである。

ついで②の時期は、本能寺の変で織田信長が急死した直後に当たる。この時も安土奉行の指

示で、安治村は年貢や課役を申告（指出）したし、隣村と湖のナワバリを争った訴状類や村掟も、翌十一年正月に集中している。

新たに入ってきた領主は、村ごとに納め物の内訳を申告させて、村々と領主との関係を再確認し、契約を結び直す必要があった。これが先にみた「指出」で、領主の取るべき大切な代替わりの手続きであった。一方、村の裁判沙汰も同じことで、領主が替わると、それまでの村との関係も破棄される、というのが世の通念で、これこそ、ナワバリの確認や失地回復を求めて、村の側から裁判沙汰を起こす理由であった。上からの指出の請求と、下からの裁判の請求が、領主の替わり目にみごとに連動しているのは、そのためであった。

逆にいえば、指出書類と裁判の関係書類こそは、激しい領主の変動と契約更改のたびに必要となる、村の最重要書類だった。それこそが、安治の中世文書に指出書類と裁判の関係書類が集中して残された、最大の理由であったに違いない。

領主の替わり目は徳政の時

「領主の替わり目は世直しの時」であったことを、領主の佐久間氏が追放された直後の、『安治区有文書』のピーク①群は、もっと詳しく語ってくれる。

織田信長の重臣丹羽長秀《にわながひで》は、旧佐久間領を接収する奉行人にこう指示した。村々に貸し付けた信長御蔵米《おくらまい》を調査せよ、信長直々の貸し付け分はいっさい破棄（棄捐《きえん》）しない（借米《しゃくまい》、未進《みしん》いっさい御捐《ごえん》〔棄捐〕なし）、村々が何かいってきても、認めてはならぬ（下々《しもじも》として何かと申され候とも許容あるべからず）と。八月五日、代官はこれを安治などの村々に伝えた。領主は替わったが、村々に貸した蔵米は帳消しにしない、というのである。

なぜ信長の重臣はわざわざこんな通告をしたのか。そのあと十一月三日付で奉行人にあてた信長の朱印状が、その裏を明かす（『安治区有文書』）。

佐久間甚九郎家中の借銭、借米の事、ことごとく棄破《きは》せしめ……いっさい、その沙汰に及ぶべからず。もし違乱《いらん》の輩これあらば、成敗を加うべし……。

これまで領民が佐久間信盛の息子（甚九郎）から借りた借銭・借米は、すべて帳消しにする。今後はいっさい取り立ててはならぬ。もし違反したら処刑する、というのである。①八月の指令にいう「御捐」は、ふつう棄捐といい、②十一月の指令にいう「棄破」と同じ、破棄とか帳消しという意味である。

②によれば、領主が潰された直後に、旧領主の債権いっさいを破棄する、「徳政」が発動されたのである。いま日本中世史の研究者は、これを「代替わり徳政」と呼んで、「災害の徳政」・

「戦争の徳政」とあわせて注目している。

たとえば、中世から近世にかけて、人々は銭や米を貸して証文を取る時、あらかじめ、頻繁な徳政があることを想定して、その適用を排除するため、証文に「たとえ戦乱・飢饉・水害になって、徳政が行われても」「たとえ地頭、代官、大名が替わって、徳政が行われても」（この貸借だけは破棄しない）などと明記させるのが通例であった。「たとえ一揆、徳政、または国替、兵乱以下、何事ござ候とも」などという念をいれた証文もあった。

たとえどんな危機に徳政が行われても、今度借りた金は必ず返します、と誓わせたのである。逆にいえば、それほどに当時の人々はみな、戦争・一揆・飢饉・災害の時、領主・代官の替わる時は、徳政の行われる時だ、と考えていたことになる。

だから、領主佐久間氏の追放を知って、野洲郡・栗太郡など旧佐久間領の人々は、とうぜん「さあ徳政があるぞ」と期待した。信長が佐久間氏の貸し付けを帳消しにする徳政を公表する前に、まず自らの蔵米に関しては「下々が何をいってきても、許容するな」といったのは、人々の徳政要求が、信長の貸付分にまで及ぶのを食い止めようとしたのであろう。安治村も信長や佐久間氏から蔵米や城米などを、端境期の田植え前などによく借りていたから、信長の貸し付けていた蔵米にも、同じように帳消しを期待するのは当然であった（『安治区有文書』）。

領主からの借入分は徳政の対象になるが、その上にいる大名の蔵米は除外される。それは世間の習わしであり、決して信長の独断ではなかったらしい。これより二十年ほどさかのぼった、永禄三年（一五六〇）二月、南関東の大名北条氏康《うじやす》が、大飢饉のさなかに引退し、その時に出した徳政令にも、ほとんど同じ方針が貫かれていた（『戦国遺文』後北条氏編、六二三号）。

後で詳しく述べるが、豊臣秀吉も徳川幕府も、大名の国替《くにがえ》に当たって、①種借（大名蔵米の貸付）分はぜったいに返させよ。しかし②年貢の滞納分はすべて帳消しにする（年貢の未進分は破棄せよ）と指示していた。明らかに信長・秀吉の時代から江戸時代まで、代替わりの徳政はあって当たり前、というのが世の通念であったことになる。こうした代替わり徳政の原則は、この後も幕府の「国替法度《くにがえはっと》」の骨子として、のちの世に受けつがれていく。

信長が安治の一帯に出した代替わり徳政の二つの方針は、中世の代替わり徳政から、近世の国替の徳政まで、二つの時代の徳政を橋渡しするような、大切な位置を占めていた、といえそうである。

文書群は世直しの記念碑

安治村の人々は、こうした信長の徳政のやり方を、じっとみつめながら、天正八年九月以来、①村が領主に出すべき人夫の数、②田や畠の現状など、村の貢納の先例を申告する「指出」づくりを進め、③次の正月、「田畠、浦役、郷役、上がり物の申告に虚偽はない」という誓約書を提出して、指出を終えた。

一方、これと並行して村々は、次々に替わる新しい領主に、公平なナワバリ裁判を請求し、安治勝訴の判決を勝ち取っていた。公平な裁判もまた、村の求める徳政の一環であった。大名の徳政・村の指出・村の裁判は、領主と村が緊張の中で交わした厳しい取引であり、互いの力わざにほかならなかった。

こうして、安治の多くの中世文書群は、「領主の替わる時は世が直る時」という、領主と村の意外な緊張に満ちた「世直しの世界」を背景にして生み出され、次の世直しに備えて大切にされてきたのであった。

新領主のパフォーマンス

近世のはじめになると、村人が土地を売り買いする証文に、

たとえ御地頭替、御代官替、御国替、其外《そのほか》いかようの儀、御座候とも、違乱申《いらんもうす》まじく候。

などと特記して、代替わりの徳政が適用されて、その契約が破棄されるのを逃れようとする特約が、広く交わされるようになる。

どうやら、近世はじめの村人たちは、地頭替・代官替・国替といえば、すぐ徳政（貸し借りの破棄）を連想したらしい。そのもとになったのは、将軍の代替わりに徳政をもとめた、中世の徳政一揆の観念で、それが近世の農民にも受け継がれたのだ、という。[4]

関東の戦国も終わろうとする、天正十八年（一五九〇）の初夏、徳川家康の軍は、豊臣秀吉の小田原攻めの先がけとなって伊豆を占領し、さっそく新しい支配を開始した。北条から徳川へ、大名（領主）が替わる瞬間である。戦場の村々を安定（安堵《あんど》）させようとして、徳川方はすばやくこんな「郷中定書《ごうちゅうさだめがき》」を村々に出した（『伊奈忠次文書集成』）。

①［安堵］新たな増税はしない。
②［当作《とうさく》］田地を荒らさず、よく耕作せよ。
③［減税］戦いで荒れた耕地を復旧したら、年貢をまけてやる。
④［還住《げんじゅう》］戦いで逃げた百姓たちは、帰村してもよい。
⑤［種借］種籾がなければ貸与する。

これら①〜⑤のキーワードを、安堵・当作・減税・還住・種借と結んでみると、新しい政策の特徴がくっきりみえてくる。第一に、この中身は、あの『庭訓往来』が説いていた、領主の責務とそっくりであり、勧農＝世直し＝徳政という色合いが濃い。新しい領主が新たな領域で演じてみせる、みごとな徳政のパフォーマンスであった。

ただし④は、百姓は早く村に帰れ、という人返しの強制とみるのが通説だから、少し説明がいるだろう。たとえば元和《げんな》六年（一六二〇）、引退した父細川忠興《ただおき》の跡をついで、豊前《ぶぜん》の小倉《こくら》城主（北九州市）となったばかりの細川忠利《ただとし》は、翌年の八朔《はっさく》（八月一日）の祝いを期して、「お国より他国へ走り申す者、お国へ罷り帰り候わば、何たる儀をも御ゆるしなさるべし、との御高《たか》札《ふだ》」（掲示板）を立てさせたという。

代替わりの恩赦として、還住を呼びかけるこの高札は、広く諸国の逃亡者たちに伝わって、「世直令」と受け止められ、彼らの望郷の念をかりたて、一度は捨てた故郷に足を向けさせたらしい。還住の奨励策は明らかな徳政の措置であり、それが、とくに代替わりを機として、打ち出されていたのである。

これより先、元和二年（一六一六）、堀直寄《なおより》が越後へ国替になった時も、やはり新しい領地（新潟県長岡市一帯）の村々に、こんな「村々へ申し聞かせ」を公布していた。

①［免税］荒れ地を興《おこ》せば、三年間は非課税（作取《つくりとり》）とする。
②［種借］農地の広さに応じて、必要な種籾・食料（作食《さくじき》）を貸与する。

③［恩赦］罪で村を追われた者も「代替わりの儀」で恩赦するから、来春までに村へ帰れ。

この特徴の第一は、これらの項目が先の天正十八年の徳川のそれとよく似ている、という点である。それは、堀氏が徳川令をまねたというよりは、世の中が領主の代替わりに共通した施策を要求したからに違いない。特徴の第二は、③の人返しが、代替わりなのでとくに罪を赦すから村へ帰れ、といっている点である。人返しは恩赦だというのである。したがって第三に、キーワードを免税・種借・恩赦と結んでみると、ここでもやはり代替わりの世直し・徳政という色彩がくっきりと浮かび上がる。

もう一つ例を挙げれば、元和五年（一六一九）に徳川幕府の定めた「国替条目」も、国替徳政の典型である。①大名の蔵からの種借は必ず返させよ。②一般の貸借はそれぞれの契約に従え。③年貢の未納分はすべて帳消しにする。④年貢未納のカタに取った男女も、解放する。⑤家付き奉公人の進退は、互いの話し合いで決めよというのがそれで、③と④の棄捐（帳消し）の措置がことに目を引く。

この「国替条目」は、諸大名に受け継がれていく。寛永二十年（一六四三）、山形の大名保《ほ》科《しな》氏は、会津《あいづ》（福島県会津若松市）へ国替が決まると、まず地元の山形領にこう指令した。

①種貸のうち、大名の蔵からの貸付分は返せ。
②年貢の未進（滞納）分は、棄捐（解消）する。
③滞納のカタにとられて、二十年にみたない男女は解放する。但し奉公してすでに二十年を過ぎた譜代下人《ふだいげにん》はだめ。

ついで保科氏は、新しい会津領の村々にも、同じ方針を表明した。④これまで「不届《ふとどき》の儀」（不法行為）のあった者も、代替わりにつき恩赦する（代替わりの上は、子細《しさい》に及ばず）、⑤種貸で前の大名から下された分は帳消しにする、と（『会津藩家世実紀』）。

これらのうち①と⑤は、大名による種貸の広がりをうかがわせるし、②は滞納年貢の帳消しを、③は債務奴隷の解放を、④は罪の恩赦による人返しを意味している。

こうして近世のはじめから、国政のレベルで、国替にともなう棄捐＝徳政が、はっきりと法定されていた。ことに頻繁に行われた国替・領主替・代官替によって、領主の交替の時は徳政の時だと、より強く意識されていったのは、たしかであろう。

土地の売り買いの証文（売券《ばいけん》）で、領主替・代官替による徳政を逃れる特約が交わされた裏には、これだけの長い代替わりの習俗が秘められていたのであった。

徳政に向けて村が動く

代替わりや国替のたびに、徳政を待ち受けていた村では、どのような行動や事件が起きたのだろうか。寛文《かんぶん》四年（一六六四）上野三波川村《こうずけさんばがわ》（群馬県藤岡市）の出来事である。村の隷属百姓（家抱《けほう》）たちが結束して、村の有力者たち（名主《なぬし》や組頭）の「家抱え」のままでいることを拒否し、ついに自立を勝ち取る、という事件が起きた。この村の大きな事件も、領主の替わり目にかかわっていたらしい。

というのは、その時、家抱たちが「御代官様の御替わりについて、（名主らが）悪事を企てた」と訴え出ると、名主たちもまた、

御代官の御替わり目につき……家抱の者共《ものども》八十人、一味仕り、偽りを申し掠《かす》め……家抱にては御座なき由《よし》……訴状を指上候《さしあげそろ》。

と逆に提訴していたからである（『飯塚文書』）。

幕府直轄（天領）であったこの村では、よく代官が交替していた。その替わり目に乗じて、村の名主たちが家抱を押さえつけようと画策すれば、逆に小百姓たちは新代官に自立の運動を

起こし、ついに勝訴したのであった。

次は近世の美濃《みの》大嶋村（岐阜県土岐《とき》市）の例である。貞享《じょうきょう》元年（一六八四）に殿様が代替わりした時のことであった。村の庄屋の覚書にこんな記事がある（『安藤周悟氏所蔵文書』）。

①殿様ご代替について、ご未進米……ご赦免成《しゃめんな》され候。
②漆　木《うるしぎ》……今度ご代替につき、ご赦免、
③山漆の実……これまたご赦免、山漆伐《き》り候儀ご免、
④栗……これも同年よりご赦免、
⑤枝柿……これも同年よりご赦免……、
⑥右の五ケ条、貞享元年子《ね》の年ご代替につき、ご赦免遊ばされ候。

①村がそれまで滞納していた借米も、これまで納めていた②漆木・③漆実・④栗・⑤柿も、⑥すべて今度の殿様の代替わりのため、この年は免除され、納めなくてもよくなった、というのである。村の事情になお不明な点もあるが、代替わりの徳政が実際に行われたのはたしかであろう。

また、同じ庄屋の覚書をみると、延宝《えんぽう》八年（一六八〇）は、夏に将軍家綱《いえつな》が死んで綱吉《つなよし》に替

わり、秋には後水尾法皇《ごみずのおほうおう》が死に、風水害・地震もあいついで、「秋冬より大飢饉」となった、という。次の年、幕府は大名たちの政治の実情を監査する、巡《じゅんけんし》見使を諸国に派遣し、天皇は年号を天和《てんな》と改めた。改元は天災などの危機を避けようとする天皇の伝統的な対策であったし、巡見使の派遣も将軍の代替わりごとに幕府の演じる、重要な徳政パフォーマンスであった。

庄屋の覚書はいう。幕府から「御代替につき御巡見使」がやってくると、美濃の村々はきそって減税の訴え（目安《めやす》）を差し出した。この大嶋村では、庄屋が減税の訴え出をためらっていると、一般の村人（組頭や小百姓たち）が集まって、庄屋の制止も聞かずに集会を開き、年貢麦の延納を認めよ、と勝手に訴え出てしまったという。やはり村人の代替わり徳政によせる期待は根強いものがあった。

代替わり徳政の流れ

この庄屋の覚書を読んで、私は「土民蜂起《どみんほうき》の初め」といわれた、十五世紀の正《しょうちょう》長の徳政一揆のことを思い出した。正長元年（一四二八）も、前の年から西国ではひどい日照り、東国では長雨がつづいていたが、この年の秋には、ついに大飢饉（餓死者は幾千万）（『神明鏡』）と疫病（天下《てんか》一同《いちどう》の三日病《みっかやまい》）（『略年代記』）に襲われた。しかもこの間に都では、将軍足利義持《よしもち》が死んで義教《よしのり》が継ぎ、また称《しょうこう》光天皇が死に後花園《ごはなぞの》天皇が継いで、「代始め」として正長と改元された（『皇年代略記』）。

このひどい飢饉と二つの代替わりのさなか、近畿の人々が「徳政」を要求していっせいに立ち上がり、「日本国ノコリナク御得（徳）政」（『春日若宮社日記』）といわれるほどの事態となった。『大乗院日記目録』はこう記す。

一天下の土民蜂起す。徳政と号して、酒屋、土倉《どそう》、寺院等を破却《はきゃく》せしめ、雑物《ぞうもつ》など恣《ほしいまま》にこれを取り、借銭など悉《ことごと》くこれを破る。

人々は「徳政と号」して、金貸しを襲って倉を破り、質草を奪って証文を焼き棄てた。「徳政と号して」とは、蜂起した人々が「徳政を要求するのは当然だ」と意識していたことを意味する。代替わりも大きな天変地異も、さらには「弓矢徳政」といって戦乱さえも、中世の民衆にとっては、支配者に徳政・世直しを求める正当な理由であった。[5] 代替わりの巡見使に減税を要求した、あの近世美濃の村人たちもまた、こうした徳政の意識の流れを受け継いでいたに違いない。

人々は、たえまなく世を襲う天変地異も大飢饉も戦争も、領主に徳がないから天の神々の怒りを招いたのだと真剣に考え（天道《てんどう》思想）、領主に公然とその償いと世直しを求めた。

もしも領主がつとめを果たさなければ、実力（強訴《ごうそ》・一揆・打ちこわし）で異議を申し立て、耕地を捨てる（逃散・上表《じょうひょう》）などの行動に出た。危機の徳政は当然であったといっても、それは黙っていてもやってくるものではなく、「要求すべきもの」であった。人々は領主の「お救い」をただ座して待ったわけではない。また、徳政が実現されるかどうか、それは「自力次第」だというのが、中世の世の掟でもあった。

その意味で、徳川幕府を開いた時の家康のパフォーマンスは、まことに注目に値する。天下分け目の関ケ原の戦いを乗り切って、征夷大将軍《せいいたいしょうぐん》となった慶長八年（一六〇三）三月、村支配の基本法ともいうべき七か条の定書《さだめがき》を、高札《たかふだ》として広く関東の村々に立てさせた。

その焦点は、①村人が領主に抗議して村を立ち退《の》く権利（村人の逃散権）を保護し、②村人に代官を直訴する権利を保障し、③「（罪があるからとて）百姓むざと殺し候事」を停止せよ（『徳川十五代史』）、という三点にあった。これが、期待される新しい幕府・徳川の徳政を村々に深く印象づけようとする、一大演出であったことは、もはや疑問の余地がないであろう。

最後に、あらためて思い起こそう。戦国はじめの荘園の人々は、領主を突き上げて「至極の御成敗」を強く求め、「何れの御方たりと雖《いえど》も、ただ強き方へ随い申すべき也」といい放っていたことを。「みじめな民衆」どころか、戦国の村人の心には、「イザという時、自分たちの生命と生活を守ってくれる者こそが、自分たちの領主だ」という、徹底した日和見《ひよりみ》の哲学が育っていたのであった。

6　村の入札

入札群の発見

いったい村で泥棒を働いたのは誰なのか。誰を次の村役人にするか。それを村人たちの自主的な投票によって決めてしまう。そんな江戸時代の「村の入札《いれふだ》」の習俗が、最近ではよく知られるようになっている。

新潟県長岡市の古文書調査の過程で、山沿いの旧村松村の庄屋だった金子家の蔵から、紙袋に密封された江戸末期（十九世紀中ごろ）の入札の実物（投票済みの用紙）が、何種類も大量に発見された。

その札には「とうそく（盗賊）△△」とか「のすと（盗人）××」などとあり、紙袋の一つは、中に「盗難入札」と記されているから、どうやら盗人を決めた投票結果を納めたものらしい。

盗みの入札といえば、すぐ隣の見附《みつけ》市域のある村では、明治のころにも、

盗難の節、地獄札を入れ、三枚札をかずきたる者を、処分すること。

と村の「惣集会《そうしゅうえ》」で申し合わせ、二十世紀のはじめごろまでは、実際にやっていた、という。[1]

これらの情報を耳にして、私は驚いた。

中世の村々には、鎌倉時代末の十四世紀はじめごろから、盗みや放火や人殺しなどの大事件が起きると、「落書《らくしょ》」といって、村人が集まって投票で犯人を決めたり、「高札《たかふだ》」といって、村が公開で懸賞をつけて犯人を捜したりする習俗があった。私もかつてそのナゾ解きに熱中したが、そっくり密封された投票済みの札など、みたこともなかった。[2]

中世の「落書」、近世の「入札」、明治の「地獄札」と、時代によって呼び名こそ違うものの、村の泥棒や事件の犯人を村人の投票で決める習俗は、中世から近代にいたるまで、村社会ではずっと続いていたらしい。この話を聞いて、自分にも経験があると語ってくれた友人もいたほどだから、もっと近年までひそかに続いた、根強い習わしであったのかもしれない。

その密封された入札の袋を開いて、中世以来の「村の入札」習俗のナゾに、もう一度チャレンジしてみよう。

入札袋を開く

発見された入札の袋には、A〜Cの三種類あって、その表面にはいずれも年月日と表題を書き、しっかり糊付けしたうえ、なぜか厳重な封印まで押されていた。

A　天保《てんぽう》二年（一八三一）十月付で、「与頭《くみがしら》跡役《あとやく》入札在中」とあるのは、村の組頭の後任を投票で決めた時の入札である。投票済みの札は、得票者ごとに仕分けして、それぞれ小袋に入れてある。

B　天保五年八月付で、表に「惣村名子《なご》、百姓入札」とあり、中の紙に「盗難入札」とあるのが、問題の盗みの入札である。

C　嘉永《かえい》四年（一八五一）四月付で、「村方善悪行事入札」とあるのは、村の善行者や非行者を投票で決めた時の入札である。これは村が自発的にやったのではなく、長岡藩主牧野氏の指示によるものらしい。

さて、そっと封を開くと、中にはどれも、①村人の名簿、②得票の集計メモ、③投票済みの札、が入っている。Bの名簿には、投票の有無をチェックしたのか、一人ずつに○印と、それを抹消した印が付けられている。

得票の集計メモには、得票者ごとに、その票数ばかりか、なんと投票した人の名前までが明記されている。これでは、誰が誰に入れたのか、村人たちの票の流れ、つまり村の隠れた人のつながりや政治関係が、ひと目で明らかになってしまう。これは大変なことである。

それに、この村の入札は記名投票が原則であったらしい。投票する札は、Bの盗難入札の場合、中に「とうそく（盗賊）△△」とか「のすと（盗人）××」などと記入したうえ、その包み紙には、必ず自分の名前を書き、または「入札　平兵衛」などと表書きし、きちんと折り畳み、糊付けして、さらに捺印や封印まで加えてある。

Cの札には、包み紙はなく、札は同じ半紙の八つ切りで、折り方もよく揃っている。だが、AとBの札は、かなりまちまちな大きさの紙片で、それを少し大きめの紙で包んである。Cが紙も折り方も一定なのは、全員が庄屋宅に集まって、同じ用紙で同じ箱に投票したためらしい（『金子家文書』）。一方、かなり不揃いなAやBは、ある程度はそれぞれ家で書いて、庄屋宅に持参したのであろうか。

札を並べてみて、同じ書きグセの筆跡が多いのに驚く。明らかに一人で何票も書いているのだ。Bのように「惣村名子、百姓入札」といえば、村の行政に参画する本百姓ばかりか、ふだんは村政に口出しできない小作人（名子）まで、いわば村をあげての投票である。だから、識字率も低く、まだ読み書きのよくできない投票者が多かったため、村の書き手による代筆が認められていたのか。それとも、ひそかな集票工作の痕跡であろうか。得票者別に同筆の傾向があることから、なお集票工作かという疑いも捨て切れない。Bの場合など、代筆の書き手は五、六人ほどはいたらしいが、A～Cとも票数が多いので、筆跡の即断は難しい。

よその村には、村で投票の日程を決めると、不正な談合を禁じて、あらかじめ村中に厳重な監視を付けていた例もある。元禄《げんろく》十年（一六九七）、下総《しもうさ》（千葉県）のある村では、盗難入札の日取りを決めると、ただちに、

二人と立ち合い、相談にて入札つかまつらざるよう、村中へ番人を付ける。

という措置も取った。村中に画策を防ぐ見張りを立て、さらに当日は、一人一人に「神文《しんもん》」（誠実誓約《せいやく》書）を書かせて、「横合いの意趣にて入札つかまつらず」と、鎮守の神に誓わせたうえで、盗人の投票をさせていた。[3]

盗難入札と村の制裁

問題のBの盗難入札を詳しくみよう。まず目につくのは、「惣村名子、百姓入札」という袋の表題である。

念のためCも調べると、この投票事務を記録した庄屋の執務記録『嘉永四年御用留《ごようどめ》』には、

投票当日の様子がこう記されている。四月十九日の昼過ぎ、善悪入札のため、「村方名子まで一同」（百姓だけでなく小作人も全員）を呼び集めて、投票を済ませ、開票が終わると「名子ども」は帰宅させ、「百姓」だけ残して村政の相談をしていた。BとCには「名子」も投票しているのが大きな特徴である。しかしAの組頭（村役人）の入札には、名子の参加した形跡はない。

つまり、村役人の選挙や村の行政など村のオオヤケゴトは、百姓だけで執行するのが常であったが、盗難やばくちなど村の治安にかかわるワタクシゴトには、百姓のほか名子まで、村の家々をあげて一人ずつ参加するという、根強い習わしがあったらしい。

そういえば、十四世紀はじめ（元徳《げんとく》元年＝一三二九）の加賀《かが》（石川県）の村では、領主にあてて、「公文《くもん》、百姓ら、子供、名子、脇の者、下人ら」にいたるまで、すべての村人が固く守りますと誓って、こんな起請文《きしょうもん》（誓約書）を書いていた（『金沢文庫古文書』）。

ぬす人、強盗の悪名候わば……百姓の名子、脇の者にいたり候まで、左様のこと承わり及び……申し入れまいらせ候べく候。

盗人・強盗の噂を耳にした時は、村役人（公文）をはじめ、自立した百姓たちばかりか、子供たちも、名子・脇の者・下人などと呼ばれたさまざまな隷属民たちもみな、隠し立てせずに告発します、というのである。こうした中世や近世の村の治安の様子をみると、検断《けんだん》と呼ばれた村の治安は、開かれた村人たちの協同によって支えられる、というのが通念であったらしい。

さていよいよ盗難入札を開く。

札の書き方は、大きく分けて二通りある。その一は、「小盗人の風聞　××」「××ふぶん」「博奕《ばくち》風聞　××」など、風聞つまり人の噂だと断る風聞票。その二は、「とうぞく××」「のすと××」とか、ずばり名前だけという、実証票である。

これをみて私は、十四世紀はじめ（延慶《えんぎょう》三年＝一三一〇）の「大落書」の例を思い出す。大和（奈良県）の法隆寺の近郷では、突発した夜盗の捜索に行きづまり、ついに鎮守竜田《たった》神社の神前に十七か村・六百余人が集まって「集会」を開いて、盗人を投票で決めることにした。そこで犯人決定の基準を、「実証」票は十通以上、「風聞」票は六十通以上と申し合わせ、落書＝入札を実施したのであった。よく似た落書は、隣の中宮寺《ちゅうぐうじ》でも行われたことがあった[4]（『嘉元記』）。

Bの入札に「風聞」とか「ふぶん」という固い文語調の言葉が、ずばり名前だけの札に混じっているのは、近世の盗みの投票にも、人の噂なら「風聞」と断るという、中世以来の習俗が生きていたからに違いない。

では、もし盗みの入札に当選したらどうなるか。Bの結末は不明だが、先にみた下総の村では、

入札多く請け申す者は、何者によらず、所を立ち退かせもうすべし。

と申し合わせて、村人たちからそれに同意する「手形」まで出させていた。入札の集中した者を犯人とし、家財を没収したうえで村から追い出すというのが、江戸時代の村ではごく普通の制裁であったらしい。

越後の村々には、稲泥棒は鎌で首を切ったという伝承もあり、明治期の「地獄札」の場合は、たった三票（本百姓十四人の村）で、村八分（村に住まわせるが、付き合いを禁止する）とされた。その当選者には、警察（刑法）の処分とは別に、村の制裁（村掟）があって、村で葬式があるたびに、タイマツをもち赤頭巾をかぶって、葬列の供をさせられていた。同じような習俗は、寛政《かんせい》年間（十八世紀末）の越後頸城《くびき》郡の村掟にもみえているという。[5]

村人どうしの視線

Cの善悪入札は、A・Bのような村の自主的な投票ではなかった。村の日ごろの暮らしで行

いの善い者や悪い者を、村人の投票で決めさせ、善行者にはわずかばかりの銭や酒肴《しゅこう》の褒美で表彰し、非行者には「叱り」の処分をするという、大名のみえすいた賞罰政策によるものであった。

江戸末期のこの村の庄屋の執務記録『御用留』には、そうした褒美や叱りの例がじつに多い。いまの時代なら、民生委員や役人の推薦というのが普通だが、江戸時代の村では、盗難入札の場合と同じく、わざわざ百姓と名子の投票によって、多数決で決めたのであった。徹底した多数決の習俗が目を引く。

善悪の投票には、該当者の名前だけでなく、指名の理由も併記された。そこには、たとえば、「小前者《こまえもの》に目懸ける」(貧しい農民をよく世話する)とか、「じひぶかし」とか、「貧人施し」(貧しい者に恵んでくれる)とか、「実意者」(誠実な人)とか、「家内和合」(家族の仲がいい)とか、「わりい」(悪者だ)などと、庶民の目が村の中に鋭く光っている。また、「重之助あね、上人」とか「惣左衛門女房　心よし」などと、善行をつくす村の女性たちの名も挙げられる。一方、村では名のある旧家も寺々も、あまり票を集めてはいない。

Aの組頭の後任を選ぶ投票は、得票数の上位三人それぞれに票をまとめ、小袋三つに分けて密封してある。村役人の投票結果をなぜわざわざ密封したのかは、ナゾである。

なお、私の調査のさなか、長岡市の旧村からも、三十七票の札を入れて、糊付けして封印した、天保三年（一八三二）の組頭の「入札袋」が発見されたのを目にすることができた。こうした村の入札は広く行われていたようである。この旧村の庄屋の執務記録（『金安家文書』）を参照すると、この村では、退任した組頭の後任を選ぶのに、庄屋宅で「惣村寄合い」を開き、投票が済むとその場では開票せずに、密封して、あくる日、庄屋と村の監査役をつとめる村横目が二人で、その地域を統轄する割元（大庄屋）のもとへ運んで、そこで開票していた。

こうした開票手続きは、村の不法な画策を封じる措置だったのか、大庄屋の介入があったのか、微妙なところである。だが、いま残っている票の内訳は公式の届けの内容と同じで、ことさら操作された形跡はない。

共同体の自浄作用

入札という村の意思決定も、小作人まで参加するかなり徹底した惣村の多数決ぶりも、地獄札（恐怖の投票）という名を生んだ苛酷な制裁も、ともに大名の押しつけた支配制度とは無関係であり、村の習俗として定着し、それなりに成熟し日常化していた。村役人を決める投票も、村が主体的に執行した盗難入札さえも、この村では、匿名や密告という形を排除して、公然たる記名投票によって行われていたのであった。

「落書起請」と呼ばれた中世の入札は、いまに残る原物でみると（『東大寺文書』）、ヒトコロシノ事、シラズ候。シリ申候ハバ、ハチマン（八幡宮）ノゴバチ（御罰）ヲ、マカリカフブ（蒙）ルベク候。

などと、無記名で神に誓って、犯人を指名し、あるいは知らないことを証言するもので、一般に寺社の発行する護符＝牛玉宝印《ごおうほういん》の裏に書くことが多かったという。十七世紀末の下総の村でも、「神文の上、入札つかまつり候」といって、やはり神に誓って投票していた。

中世の「落書」というのは、書いたものを落とすこと、つまり投票を意味し、いったん落としたものは、もう誰のものでもなく、それは神の意思である、と信じられていたのだという。[6] 落書や入札の起請文は、その信義をあらかじめ神に誓っておいたのである。投票の公正は、神や仏が保証したのであった。

神意といっても、現実の村社会では、古代ギリシャで異端者や危険人物を国外に追放したあのオストラキスモス（陶片追放《とうへん》）という、公衆の投票制度がそうだったように、当面の村の危険人物（体内の異物）を共同体の外に追放（体外に排出）する、村の自浄作用《カタルシス》にその本質があった。そして、その効用ゆえに、この習俗は村社会に長く続いた、とみられている。[7]

また「村人個人の罪は村全体の責任」とされた中世以来の村社会では、罪ある者を村の外へ追放してしまう中世の「逐電《ちくでん》」や、戸籍（人別帳）から削除してしまう近世の「帳外《ちょうはず》れ」などの措置と同じように、村全体の災いの種となる者は、村の手でいち早く取り除かなければならない、という深刻な事情もあった。

ところで、ここで取り上げたA～Cのような十九世紀中ごろの時代の入札になると、もはや投票の公正を神に誓った形跡はなく、ただ村人たち個々人の記名と捺印や封印だけが際立っている。これは、神の保証に代わって、個人の記名捺印が投票の公正を保証する、という時代になっていたという証なのであろうか。そういえば、「落書」（落とし物＝神のもの）という呼び名が、いつしか人の意思を表す「入札」へと変わっていったのも、そうした人々の心もちのうつろいを映しているのかもしれない。

刑事罰とは別に、タイマツを手に赤頭巾をかぶって、村の葬列の供をさせる、あの苛酷な「地獄札」のみせしめの習俗も、明治末には廃止されたらしいという。

III 中世都市鎌倉

7　鎌倉の祇園会と町衆

中世の鎌倉といえば、私たちは「武士の都」＝軍事都市を連想したり、源氏の守護神だった鶴岡八幡宮と若宮大路を中心に整然と区画された、「寺社の町」＝宗教都市を思い浮かべたりするのが普通だと思います。

ところが、あいついで発掘の進む、鎌倉の町中の中世の遺跡とその出土品は、「武士の都」鎌倉が、じつはたくさんの町衆や庶民の住む「町民の町」でもあったことを明らかにしつつあります。たとえば鎌倉考古学研究所の方々の手になる図録『よみがえる中世』第三巻[1]は、鎌倉の中世考古学のまったく新しい素顔を明らかにしています。

ことに御成《おなり》小学校の遺跡は、武士と町人の共生する中世都市の遺構として、注目を集めました。そうした成果をもとにいま、鎌倉時代の鎌倉の人口は少なくとも三万人以上あったとか、いや庶民だけでも五、六万人はいたはずだ、と推定されるほどになっています。[2] つまり、考古学の分野の新しい成果は、中世鎌倉の町が、「武士の都」であっただけでなく、「民衆の町」でもあった、という事実を教えてくれているのです。
ところが文献の方はといえば、頼みの『吾妻鏡《あずまかがみ》』は、鎌倉幕府の公式記録というだけあって、まったく武士の世界一辺倒で、鎌倉時代の町の暮らしぶりにはじつに冷たいのです。せいぜい戦闘や災害の記事の端々からうかがうほかは、鎌倉時代の町の手がかりはほとんどありません。では、室町時代になって幕府が京都に移り、鎌倉には関東をおさめる公方《くぼう》がおかれてから後はどうかといいますと、これまた、「鎌倉は十五世紀を過ぎ（公方が鎌倉を去）ると村になってしまった」というのが、一九五九年の『鎌倉市史』総説編以来、いわば不動の通念になっています。

一般に、鎌倉は「村」になったという言葉は、この地に十五世紀中ごろまでいた鎌倉公方にみすてられると、鎌倉の「町」は死んでしまった（室町時代に鎌倉の町はすっかり寂れて、寒村になってしまった）、というふうに受けとられてきた、といっていいでしょう。しかし、私のように、中世の村や町を「したたかな生命維持装置《サヴァイヴァル・システム》」とみて、そのナゾ解きに熱中している者には、鎌倉の町の突然の死というのが、すぐには信じられないのです。せっかく鎌倉に暮らしているのだから、私も「地元からの目」で、室町・戦国の鎌倉の「町」にチャレンジしてみよう、と思い立ちました。

ここで頼りにしたいのは、二つの鎌倉の記録です。

一つは『鎌倉年中行事』（以後『年中行事』と略します）です。ちょうど「鎌倉は村になった」といわれる、十五世紀の中ごろ（享徳《きょうとく》五年＝一四五六）にできた本で、鎌倉幕府が滅びてから、ほぼ一世紀あまりのちに当たります。まずはこの興味あふれる年中行事の記録から、鎌倉公方の時代の町の手がかりを探ろう、というのです。

もう一つは『快元僧都記《かいげんそうずき》』（以後『快元記』と略します）です。『年中行事』からさらに一世紀ほどたった、十六世紀の中ごろの享禄《きょうろく》五年（天文元年、一五三二）以降、境内に神と仏が混在して宮寺《みやでら》とも呼ばれた鶴岡八幡宮の僧が、戦国大名の力と民衆の協力による、同社再建のようすを生き生きと書き留めています。

この二つの記録をタテ軸において、室町・戦国時代の鎌倉という、いわば「その後の鎌倉」の姿を、あくまでも「地元からの目」で、とらえてみたいと思います。

公方館の夏の日

水無月の風景

まず『年中行事』を手に、六月の条を開いてみます。なお、『年中行事』のできた十五世紀中ごろの六月は、いまの暦に直せば、七月末から八月末に当たります。したがって、そこには、いかにも真夏の季節らしい風景が繰り広げられて、心ひかれるのです。

①一、六月朔日、お祝い常のごとし。富士ご精進《しょうじん》、七日これあり。ご近辺の飯盛山《いいもりやま》の富士へ、参詣《さんけい》これあり。

②一、同七日、稲荷《いなり》、羽黒《はぐろ》、五大堂《ごだいどう》、祇園《ぎおん》、殿中《でんちゅう》へ光御《こうぎょ》す。お車寄《くるまよせ》のお透《とおり》に神輿《みこし》を立てられ、お神楽《かぐら》あり。その後、お妻戸《つまど》より、ご一家の一人まかり出られ、ご幣《へい》を持参す。公方様はお妻戸の内にて拝し御申しあるなり。奉公中《ほうこうちゅう》はご縁《えん》に祗候《しこう》し、御絹《きぬ》の御帷《かたびら》等を懸け御申しあるなり。

③一、同十四日、同前。当日、祇園会《ぎおんえ》の船共参る。種々の舞物《まいもの》これ有り。お築地《ついじ》の上にお桟敷《さじき》を打たれ、公方様、同ご簾中《れんちゅう》様、ご見物あるなり。

④一、同月晦日《みそか》の夜、お撫物《なでもの》を遣《つか》わさる。お使い、例のごとし。つぎに、名《な》（夏）越《ごし》のお祓《はら》い。同じく茅輪《ちのわ》を、陰陽頭《おんようのかみ》調え進《まい》らす。輪をば、ご一家中越し申さるるなり。

まず、①六月一日は、毎月一日恒例の朔日祝いのほかに、富士詣《ふじもうで》が行われます。中世から近世を通じて、富士のみえる小山や丘に浅間神社《せんげんじんじゃ》を祀り、五月晦日の夜半から六月朔日にかけてお参りするという、富士信仰がさかんでした。鎌倉公方も、七日にわたる精進の後、この日、近くの「飯盛山の富士」に参詣するのが習わしだった、というのです。

飯盛山の富士

「飯盛山の富士」といえば、延宝《えんぽう》二年（一六七四）の夏に鎌倉を訪れた水戸黄門（徳川光圀《みつくに》）が作らせた鎌倉の地誌『新編鎌倉志《しんぺんかまくらし》』に、大きな手がかりがあります。その公方屋敷跡の項に「此の所の南方に、高き山あり、飯盛山と云う、富士権現を勧請《かんじょう》す」と記し、さらに公方屋敷跡のスケッチまでのせて、その下（南）のところに、「南方に飯盛山を見る」と記しているのです。「飯盛山の富士」というのは、公方屋敷の南にある高い山で、江戸のころも、そこには富士権現（浅間神社）が祀られていた、というのです。

そのスケッチをみますと、公方屋敷の跡は、草ぼうぼうの荒れ地として描かれています。その事情について、この地の「里老」たちは、「いずれの時か、古河《こが》の公方、お帰りあらんとて、畠にもせず、今に芝野《しばの》にしておけり」と語ってくれた、といいます。

鎌倉から追われるように古河（茨城県古河市）へ去って行った公方さまが、いつの日か、また帰られるかもしれないというので、二世紀以上たったいまも、まだ空き地のままにしてある、というのです。『新編鎌倉志』の中でも、ことに心に残るくだりです。

こころみに、明治のころの地籍図や陸軍参謀本部の地図をみますと、いま浄明寺町内に当たる公方屋敷跡のあたりは、なおも一面の畠地で、小字《こあざ》「稲荷耕地《いなりこうち》」（いまは稲荷小路《こうじ》）と呼ばれ、住宅はまだ一つもありません。その東隣の小字が「御所《ごしょ》の内《うち》」で、中世の公方の御所跡の位置を暗示しています。

「御所の内」の現地を訪ねてみます。そこは鎌倉五山のひとつ浄妙寺の東隣にあたり、さすがにいまは、一帯はもうすっかり住宅街です。ところが小字稲荷小路の庚申塚《こうしんづか》の近くに、そこだけ取り残されたように、数枚の水田があります。★補注4 その畦《あぜ》に立って真南をのぞみますと、滑川《なめりかわ》と六浦《むつうら》道の向こうにある、さながらミニ富士という形のいい小山が、目に入ってきます。

山の名前はまだたしかめられませんが、地元でのお話によれば、もとはこの山に登れば、西の空にほんものの富士山がよくみえたものだ、といいます。公方が登った飯盛山の富士というのは、この山に違いありません。

さらに、もしこの水田を大きな池にみたてれば、向かいの山はそこに姿を映す逆さ富士という、スケールの大きい御所の風水の構図を思い浮かべることができそうです。ある初夏に私は、田植え前に水をたっぷりと張ったこの田の前に立って、この山が田の面に映るのをたしかめたものでした。

なお、この公方屋敷跡の近くにある明王院《みょうおういん》は、正式の名前を飯盛山寛喜寺《はんせいざんかんぎじ》明王院五大堂といいます。このあたりで飯盛山といえば、公方屋敷の南の飯盛山しか考えられません。寺の由緒にも地元の伝承にもないのですが、山号をとくに飯盛山《はんせいざん》という以上、明王院はもとこの飯盛《いいもり》山《やま》にあったのでしょうか。そのナゾ解きも楽しみな宿題です。

厄除けの祈り

さて次は、②七日から③十四日へつづく、祇園会の記事です。

祇園会（祇園祭）は祇園御霊会《ごりょうえ》のことで、御霊というのは、ひろく人々に災いをもたらす祟《たた》り神や災厄、ことに恐ろしい疫病のこと、とされています。祇園社に祀られる牛頭天王《ごずてんのう》（日本ではスサノオノミコト）は、天竺《てんじく》（インド）の祇園精舎の守り神で、腰に茅輪をつけた蘇民《そみん》将来《しょうらい》の子孫だけを災害や疫病から守ってくれる、とくに霊力のある疫神として、信仰を集めてきたのでした。それが祇園さんという名前の起こりです。祇園会はことに疫病の多い夏の日の、厄除けの祈りだったのです。その鎌倉祇園会のようすについては、後でくわしく探索しましょう。

なお明治のころには、スサノオ（牛頭天王）を祀る神社が、日本全国に一万四千百三十五社もあった、といいます（『品川区史料』）。

この祇園精舎の牛頭天王は、ふつう祇園とか天王と呼ばれましたし、いまも鎌倉の大町にある祇園社は、スサノオゆかりの「八雲立つ出雲」に因んで、明治のはじめに八雲神社と社名を改めた、といいます。明治元年（一八六八）の神仏分離令によって、権現とか牛頭天王など仏教色の濃い名前をもつ、日本じゅうの神社は、むりやり「神号」に改称させられたのです。

六月の終わりは、④にみえる晦日の夜の夏越の祓いです。

その夜の公方（足利成氏《しげうじ》）は、まず、身のけがれや禍を移し取った、身代わりの衣類や人形《ひとがた》（撫物《なでもの》）を箱に入れて、お祓いをする役の陰陽《おんみょうじ》師のところへもたせてやります。これは、毎月の月末にも決まった行事になっていました。鎌倉の中世考古学の成果を示す『よみがえる中世』にも、鎌倉の遺跡から発掘された木製の人形の実物が数多く収められていて、この呪術の習俗の古くからの広まりが知られます。

ついで、茅輪といって、陰陽師の頭《かしら》が緑の茅萱《ちがや》を丸く大きな輪に巻き付けたのを、御所にもってきて、その輪を公方一家の人々がくぐって、身のけがれをはらう、というのです。あの祇園にまつわる蘇民将来の茅輪がここにも姿をみせて、この「夏越の祓い」もまた、祇園会からつづく、夏の厄除けの祈りだったことが、よくわかります。夏の終わりの六月は、鎌倉時代には総人口が数万にはのぼったはずと推定される、過密都市だった鎌倉らしい、切実な厄除けの祈りの月であった、といえそうです。

なお、この六月の祈りの「人形」や「茅輪くぐり」は、各地でも広く行われていて、よく知られています。鎌倉では鶴岡八幡宮の神事として、同月三十日夕方にいまも行われています。

参拝者はめいめいに、身を撫でてけがれを移した紙の人形を奉納し、神官の先導で、大きな緑の茅輪を、左・右・左と三回、廻りながらくぐるのです。なお八幡宮でいう夏越祭《なごしさい》は、じつはこの「大祓《おおはらえ》」とは別のもので、立秋前日に行われます。

さて、こうした鎌倉の夏の行事の中で、ひときわ私の目を引いたのが、②と③の祇園会です。これについては、すでに湯山学さんに「鎌倉の祇園祭」[3]という先駆的なご成果もありますが、私もこれを頼りに、鎌倉祇園会の追跡を楽しみたいと思います。

神幸と神楽ではじまる祭

まず②で、六月七日の祇園会の初日には、稲荷・羽黒・五大堂・祇園の神輿が、公方の御所にやってくるのが例になっていた、といいます。神輿をかついで来た人々は、それを御所の車寄《くるまよせ》（玄関先）にすえて神楽を演じ、公方は室内で、家来衆は広縁に並んで、これを見物します。神楽が終わると、公方一族の誰かが庭に出てご幣を、家来衆は帛《はく》つまり白い絹の衣を、それぞれ神輿にささげるのが、習わしだったのです。

七日の神楽といえば、いまも大町の八雲神社では、この日は神輿がお旅に出る日です。神輿がお旅所《たびしょ》におさまる前に、神楽を舞って湯立ての神事を行う例になっている、といいます。[4]これが中世の公方館で演じられた神楽と同じものだ、と断定はできませんが、祇園会の初日に神楽をあげるという神事の伝統が、長く受け継がれてきているのを感じさせます。

なお祇園会の初日、大町の八雲神社では、まず朝早く、「浜降り」といって、氏子の代表が材木座の海に行って身を浄め、ショクサ（海藻のカジメ）を採ってきて、拝殿の駒寄せや旅所の格子にかけ、ついで神楽があげられるのです。この海草は、神のヨリシロとか、ミソギの神事とみるのがふつうですが、海のかなたの水界から神霊と豊饒を迎えるシンボル、という見方もあります。[5]

四つの神輿のナゾ

さて七日に公方館へ神輿がやってくる、稲荷・羽黒・五大堂・祇園などのお堂は、いったいどこにあったのでしょうか。いまでは、稲荷・羽黒・五大堂に神輿があったことなど、まったく知られていないのです。『鎌倉市史』社寺編は、これら三つのお堂は十二《じゅうに》所《そう》の明王院の境内にあったのではないか、と推定しています。

その明王院は、正式には飯盛山寛喜寺明王院五大堂といい、五大堂と通称されていました。『年中行事』一月二十八日条に、こうみえています。


明王院五大堂と号す不動へご参詣。ご近辺たるによって、お供の人、歩行《かち》にて参らるるなり。

この二十八日は、お不動さまの日で、公方もお参りしますが、御所のすぐ近くなので、家来衆は馬に乗らず、歩いてお伴をすることになっていた、というのです。公方と明王院の間にこんな親しい交流があったとすれば、明王院の境内にあった神輿が、祇園会のはじめに公方館にやって来ていたとしても、不自然ではありません。

また五大堂に、もと稲荷社があったというのも事実で、明治三年（一八七〇）の『十二所村明細帳』には「大江稲荷明神」がみえています。しかし、この稲荷がはたして室町までさかのぼるかどうか。じつは公方館の隣の浄妙寺も山号を稲荷山というのです。なお羽黒の痕跡は不明です。

最後の祇園の神輿というのは、大町の八雲神社のそれ、とみるのが通説です。ただ五大堂の神輿と同じく、稲荷や祇園も、もっと御所（公方館）の近くの神社にあった、という可能性を否定しきれないところがあるのです。

大藤《おおとう》ゆきさんの『鎌倉の民俗』[6]に、浄妙寺裏手の山頂にある、熊野神社の夏祭り（七月十四日）によせて、こう記されているからです。「言い伝えによると、昔は神輿があったそうで、浄妙寺の稲荷山《いなりやま》のとなりの天王山《てんのうやま》に一本松があり、その松の根元に、神輿が埋められているという」。このほかに「天王さまは、浄妙寺の右で、荒神《こうじん》さまの山にあった」という言い伝えもあります。浄妙寺の裏に稲荷山があり、そのとなりには天王（祇園）山や荒神山もあって、そこに祇園の神輿が埋められている、というのです。熊野神社の近くで浄妙寺の裏手ないし右手といえば、公方の御所跡のすぐ近くで、そこに稲荷も祇園もあったことになります。

この伝承は公方（足利）館一帯の中世の風景を語っているに違いない、というのが私の直感です。一般に伝承というのが玉石ごちゃまぜなのを承知で、あえて想像の翼を大きく広げてみます。

公方館の裏山には、稲荷や天王（祇園）や荒神（もしかすると羽黒も）が、もともと公方館の四方を固める守り神として祀られ、それぞれに神輿をもつほどに栄えていた。それが、六月の祇園会初日には、そろって御所にやってきて神楽を奉納し、公方の奉幣《ほうへい》をうけていたのではないか、と。

こうして、不動・稲荷・天王・荒神など数々の堂社を祀る、深い山々に囲まれた、いかにも中世らしい谷あいの公方館の原風景が、浮かび上がってきます。祇園会初日の六月七日の記事と、地元の魅力ある伝承を、ていねいに重ね合わせる試みは、公方館一帯の中世の原風景を探る、大切な手がかりになるでしょう。

「祇園会の船共」はどこから来たか

さて、次は③十四日の「同前。当日、祇園会の船共参る。種々の舞物これ有り」というくだりです。この読みには異本もあるのですが、次節に譲ります。「同前」というのが、前の七日条を受けているとすれば、この日もまた神輿が御所にやってくる、ということになります。

もし通説の通りなら、大町の祇園社からは、この日もまた「神輿」が来、それとは別に「船共」もやってきていたという、奇妙なことになります。だから、ここでは、「神輿」は公方館の裏山の天王さんで、「祇園会の船共」は大町の天王さんだった、という仮説を立ててみます。

明らかに十四日の主役は「祇園会の船」でした。しかも「船共」と複数の形で書かれていますから、あの京都の祇園祭さながら、「船鉾《ふなぼこ》」その他が賑やかに連なって、やって来ていたのでしょうか。それに「種々の舞物これ有り」とあって、祭り行列の中では、神にささげる多彩な舞物も演じられていました。ついで、「お築地の上にお桟敷を打たれ、公方様、同ご簾中《れんちゅう》様、ご見物」とあります。公方夫妻が、その祇園会の船や舞物をみようと、街道に面した御所の築地の上にわざわざ桟敷席を作らせて、楽しみに待ち受けていた、というのです。

この祭り行列は、あの七日の神輿とは違って、公方の御所へやって来たわけではないらしく、公方館の前を通る滑川沿いの六浦道を、大町からもっとも山奥にある十二所の村へ向かう行列だったに違いありません。江戸時代に「谷合四ケ村《やつあい》」と呼ばれた、両側に山の迫る谷あいの集落を行く、賑やかな夏祭りの行列と、それを楽しむ人々の高揚した光景が目に浮かびます。

なお、この六月の祇園の神輿や祇園会の船を、居ながらにして見物した公方も、さすがに八月十五日の鶴岡八幡宮の「武士の祭り」だった放生会《ほうじょうえ》だけは、自分の方からお参りするのが習わしになっていました。中世後期の鎌倉の町に、夏の終わりの「町衆の祭り」（祇園社）と中秋の日の「武士の祭り」（八幡宮）という、二つの大祭が並び立っていたことは確実です。

こうして、「祇園会の船共」という記事は、「その後の鎌倉」を探ろうとする私にとっては、思いがけない手がかりの「発見」でした。「祇園会の船」は、私に京都の町衆たちの引き回す、あの大らかな船鉾を連想させてくれますが、鎌倉の祇園祭に船鉾の渡御《とぎょ》があったという傍証は、みつかっていません。しかし私は、こんな状況証拠に注目しています。

いま大町の八雲神社の夏祭りの主役は、スサノオ（主神）・イナダヒメ（妻）・ハチオウジ（子）という祇園三座、それに合祀されている相殿《あいどの》のサタケテンノウ（佐竹天王）を加えた、合わせて四基の美しい神輿です。

八雲神社の小坂宮司さんのお話によると、江戸時代ころには、その渡御に二丈（六メートルあまり）もある長い大鉾《おおほこ》や大榊《おおさかき》も加わっていたのが、近代になって電灯線が引かれてからは、電線に触れて危険だというので、いくども切り詰めて短くしてしまった、といいます。また鎌倉のうち腰越《こしごえ》の小動《こゆるぎ》神社の祭りも、ハチオウジサンとかオテンノサンと呼ばれ、同じ七日から十四日までの夏祭りには、近年まで、大きい武者人形などの作り物を上にのせた、たけの高い山車が繰り出し、もとは、江ノ電（江ノ島電鉄）の踏切を渡るのに、わざわざ電車の架線をはずさせるほどの威勢があった、といいます。

相模の歴史に詳しい湯山学さんも、その連作「鎌倉の祇園祭」で、近在各地の祇園祭の高揚ぶりに注目されています。それに、室町期には鶴岡八幡宮領として、鎌倉の台所のような位置を占めた東京の品川にも、南北二つの町の天王祭があって、いまも盛んですが、近世の北品川の品川神社の天王祭には、やはり長刀《なぎなた》・笠鉾《かさぼこ》以下の山鉾が練り歩いていたことが知られています（『品川区史料』）。

こうして、鎌倉近在に広く伝わる天王さんの夏祭りの風景は、「祇園会の船共」のイメージを、大きくふくらませてくれます。

祇園会探索

祇園会異見

ところで、少し立ち止まって検討しておきたい問題が、三つほどあります。その一は、『年中行事』の異本のこと、その二は、鎌倉時代にも祇園会があったのかどうかということ、その三は、室町時代の佐竹天王の怨霊のことです。

まず『年中行事』には原本が知られず、数多くの写本（異本）があるのです。さきには、六月の鎌倉公方の行事を、『群書類従』本（以下A本とします）でご紹介しました。ところが、室町時代の関東史に詳しい佐藤博信さんが、最良の写本として紹介された内閣文庫所蔵の一本では、かんじんの祇園会の記事が、ほんの少し違うのです（『日本庶民生活史料集成』）（以下、B本とします）。

次にB本を原文のまま掲げ、A本との違いは傍注で示しましょう。

一、同十四日、御(御ナシ)同前。当日、祇園会ノ社(之船共)参、種々舞物有之。御筑(築)地之(ノ)上ニ、被打(御)・桟敷、公方様、同御簾中様、御見物アル也。

問題は左傍線のところで、A本の「祇園会之船共参」が、B本では「祇園会ノ社参」となっています。A「船共参」・B「社参」と、たった一～二字の違いですが、意味は逆転してしまいます。

つまり、もしB本が正しいとすると、A本の「祇園会の船」など、存在しなかったばかりか、公方は自分の御所の築地に桟敷を打たせて、渡御を見物したのではなく、「社参」つまり夫妻連れ立って、わざわざ祇園社に出かけて行き、社頭の築地に桟敷をかけて舞物を見物した、ということになるからです。

なお内閣文庫には、B本のほかにも①〜④の写本があって、問題の箇所は、楷書（③だけくずし字）で次のように書かれています。

①当日、祇園会ノ船トモ参り、種々舞物有之。
②当日、祇園会ノ船トモ参、種々舞物在之。
③当日、祇園会ノ船共、種々舞物有之。
④当日、祇園会ノ船共、種々舞物有之。

また伊藤一美さんによれば、もともと浜島家に伝来した写本は、「船共参」とあって、①②やA本と同趣で、田島光男さんによれば、神奈川県立図書館本は③④と同じく、「船共」だけで「参」がありません。

以上から、『年中行事』の写本には、「船共参る」という①②＝A本系と、「参る」がなく「船共」だけの③④という、二つの系統があったことがわかります。佐藤博信さんの紹介された B 本の「社参」は、文章がこの③④の「船共」にそっくりです。したがって、これらを合わせて仮に B 本系としましょう。

このB本系でみのがせないのは、「船」と「社」、「共」と「参」は、それぞれ、くずし字（草体）がよく似ている、という事実です。おそらく原本かB本系の祖本が、くずし字で書かれていて、「社参」か「船共」のどちらかが、誤写に違いないのです。

ただ、もしB本の「祇園会の社参」を採るとしますと、祇園の神々は六月七日朝から十四日夜半まで、ずっと巡幸の「お旅」に出ているのですから、神々の留守に公方がわざわざ「社参」するというのは、とても不自然です。

それに、同じ時代、京の祇園会の期間に、室町将軍はよく重臣の屋敷を訪ね、その築地に桟敷をかけさせて、祇園の船の巡幸を見物した、といいます。[7] その見物風景は、鎌倉の「祇園会の船共参る」というA本の光景にそっくりで、将軍が祇園社に参詣する例は、知られていないのです。また、B本の「社参」に「御」のつかないのも、公方にやたらと敬語をつけたがる『年中行事』にしては不審です。

したがって、祇園会の記事にかぎり、「社参」より「船共」に軍配を上げたいところです。[★補注5]

二つ目の問題は、この室町時代中ごろの大町の祇園会が、さかのぼって鎌倉時代にもあったのかどうかです。頼みの『吾妻鏡』は、八幡宮の放生会には神経質なほど気配りしているのに、祇園会には一言も触れていないからです。ただ、この本は武家中心の記録で、もともと町の暮らしぶりには冷淡なのですから、『吾妻鏡』にないからといって、鎌倉時代に祇園会はなかった、と決めつけるべきではないでしょう。

それに、鎌倉時代のはじめから祇園社が存在したのはたしかです。『吾妻鏡』にこんな記事があると、松尾剛次さんが紹介しています。[8] 安貞《あんてい》二年（一二二八）七月十六日の夕方、松童《しょうどう》社のそばから火事が出て大火となり、その近くの東西四町の人家が焼けてしまった、というのです。

松童社というのは、鎌倉の祇園社の古い呼び名で、のちに松堂・松殿などとも書かれて、その一帯の地名にもなります（後述）。この事件から逆に、鎌倉はじめ祇園社の一帯には、東西四町といわれるほど、多くの人家が密集していたらしいことがうかがわれます。だから鎌倉時代に祇園社を祀る祇園会のあった可能性も大きい、とみてよいでしょう。

ついで室町はじめには、祇園会があったのはほぼ確実です。これも松尾さんが紹介されたのですが、八雲神社にいまも伝わる古い懸仏《かけぼとけ》には、「貞和《じょうわ》五年六月七日／きのうらの又七　敬白／内（為）妻ふちはら（藤原）の女」という銘文が刻まれているからです。六月七日といえば、まさしく祇園会のはじまる日に当たります。明らかにその祭りの初日に因んで、「きのうらの又七」が妻の「ふちはらの女」の菩提を弔うために、懸仏を祇園社に寄付したのです。貞和五年（一三四九）といえば、鎌倉幕府が滅んでからわずか十六年後です。この事実からも、祇園祭が鎌倉時代にさかのぼる可能性は大きい、とみてよいでしょう。

三つ目の問題は、祇園社に合祀される佐竹天王にまつわる伝承です。もしかすると、祇園会そのものは鎌倉時代からあったにしても、それが盛んになったのは、室町時代に入ってからかもしれない、という可能性もあるからです。

応永《おうえい》二十九年（一四二二）十月、公方足利持氏《もちうじ》の重臣で祇園社に近い佐竹屋敷に住む、佐竹入道常元《じょうげん》（与義《ともよし》）が、公方の夜討ちにあって自害するという事件が起きました。室町時代の鎌倉の軍記『鎌倉大草紙』はこの事件にふれて、

佐竹も打て出、防ぎ戦いけるが、終《つい》に叶《かな》わず、法花堂《ほっけどう》にて自害して失せぬ。その霊魂、祟りをなしける間、一社の神に祭りける。

といっています。

また、いま八雲神社に伝わる『佐竹天王略記』も、この事件の後「鎌倉中、貴賤《きせん》の者一同、疾癘《しつれい》流行にて、過半死失《しにうせ》ぬ」と伝えています。疫病が流行して鎌倉中に広がり、これを佐竹氏の亡霊の祟りとみて、御霊を祀ったところ、「鎌倉中の疾癘」が退散した、というのです。

つまり、佐竹天王社というのは、鎌倉公方持氏を深く怨む、御霊（祟り神）だったのです。祇園会を楽しんだ公方成氏は、その息子として、この鎮魂の祭りから逃れられなかった、ともいえるでしょう。ただし、その佐竹天王社が祇園社に相殿として移された時期は不明で、いきなり公方の祇園参詣と結びつけることは、まだできません。

なお、この怨霊の伝承は有名だったらしく、鎌倉市の木版古絵図のコレクション（『鎌倉古絵図集成』鎌倉中央図書館蔵）をみても、佐竹天王社を大きく書き込んだものが目につきます。また佐竹屋敷の跡といわれる名越の佐竹山の日蓮宗大宝寺《だいほうじ》一乗院《いちじょういん》に伝わる、文政七年（一八二四）の明細帳にも、

毎年六月七日、佐竹天王ご祭礼にて、古実を糺《ただ》し、この屋敷へ御輿行幸ありて、神主中うち寄り、神楽を奉ず。

と記されています。いまも夏の祇園祭の神輿は、かならず佐竹天王社跡に当たる一乗院境内の多福明神《たふくみょうじん》に巡幸して、御霊をなぐさめるのが習わしだ、といいます。

八雲神社の由緒から

さて、室町時代にかすかに姿をみせた、六月七日の祇園の神輿、同十四日の祇園会の船という両日の行事は、いまの大町の八雲神社の「お天王さん」の夏祭りと、ふしぎによく重なります。

同社で頒布されている『八雲神社由緒《ゆいしょ》略記』には、この祇園祭の古い由緒が、おおよそ次のように記されています。

①平安時代、永保《えいほう》年中（一〇八一～八四）新羅《しんら》三郎義光《よしみつ》公の勧請《かんじょう》と伝う。「後《ご》三年役《さんねんのえき》」……のため赴く途中、鎌倉に立ちよられ、たまたまこの地に悪疫が流行し、住民が難儀しているのを知り、……京都の祇園社を勧請し、篤く祈願されたところ、たちまち悪疫退散し……、

②鎌倉祇園社、又は祇園天王社と称していたが、明治の御維新に際し、八雲神社と改称し、大町総鎮守《そうちんじゅ》として、明治六年（一八七三）村社に列格され……、

③七月の例祭には、神輿渡御がある。古くは「鎌倉の厄除さん」として、市内のほぼ全域を渡御したが、明治維新以降は、大町区内のみ渡御する。「鎌倉囃子《ばやし》」「天王唄《てんのううた》」などの神事芸能が伝承されている。

この①〜③を順に検討してみましょう。

まずは①ですが、これと同じ趣旨は、文政七年（一八二四）の『大町村祇園天王社明細帳』にも、「古伝」としてみえています。ここでは同社が、源頼朝の鎌倉幕府よりさらに一世紀も早く、同じ源氏の源義光が京都の祇園社を鎌倉に招いた、と伝えています。いまの八雲神社はまちがいなく当時からあった祇園社なのです。

次は②の由緒に、大町の八雲神社が中世末以来天王とか祇園と呼び習わされていた、というのはたしかなことでした。たとえば、同社の古文書・記録や棟札《むなふだ》（造営の趣旨や協力者を記した木の札）などに、

（八雲神社の呼び名）	（年　次）	（西暦）	（出　典）
天王	天正十四年	（一五八六）	北条氏朱印禁制
天王	慶長　九年	（一六〇四）	徳川家康寄進状案
天王松堂祇園社	寛永　八年	（一六三一）	棟札
祇園天王	延宝　八年	（一六八〇）	鎌倉寺社領貫目高帳
大町郷之内松堂村天王	貞享　三年	（一六八六）	神道裁許状
松殿山祇園天王社	寛延　元年	（一七四八）	棟札

というように、天王・祇園・松堂・松殿などの呼び名が、しっかりと記されています。

天王は先にみた牛頭天王のことで、日本各地の町場に市の神として祀られ、親しまれてきました。古くからの鎌倉の住人は、いまも「お天王さん」といえば、同社の神輿の渡御を思い浮かべる、といいます。この八雲神社の裏山はいまも祇園山と呼ばれ、その地つづきで、大町大路沿いにあって、坂東三番札所の田代観音で知られる浄土宗の安養院も、祇園山長楽寺と号しています。

また松堂・松殿というのは、この祇園社のある小字の古い呼び名です。外園豊基氏にうかがったところでは、松童の語の起こりは、もっとも古くからの京都の祇園社領の一つであった、備後国小童保《びんごのくにしちのほう》（広島県三次市《みよし》）の鎮守小童社に因むようで、同社はいまも「小童《し(ひ)ち》の祇園さん」として親しまれている、といいます。この小童社がなぜか各地に広がり、ショウドウと読まれて、いつしか松童・松堂・松殿と当て字で書かれ、マツドウとも呼ばれるようになった、と湯山学さんは推測されています。

鎌倉の松堂祇園社も、その呼び名からみますと、じつは由緒①とは違って、京都八坂の祇園社がじかに鎌倉へ招かれたのではなく、この備後の「小童の祇園さん」の系統が広まった、という可能性が大きいことになります。

天王さんの川流れ伝承

次は『八雲神社由緒略記』の③です。ここで目をひくのは、例祭の神輿が、むかしは「鎌倉の厄除さん」といわれ、旧市内のほぼ全域を渡御した、という伝承です。とすると、公方の見物したあの「祇園会の船」も、その渡御の途中だったに違いない、と思われてきます。

じつは、公方の住んでいた鎌倉市の浄明寺町内の古老たちの間に、とても気になる伝承があるのです。[9]

①天王さまは、浄妙寺の右で、荒神さまの山にあった。むかし天王さま（古くなった祇園の神輿）を埋めたという。

②天王さま（の古い神輿）があったが、それを滑川に流した。それが大町（八雲神社）の宝珠のついた神輿だ、という説もある。

ともに、何げない言い伝えのようですが、先にみた大藤ゆきさんの『鎌倉の民俗』にも、①とよく似た話が紹介されていました。これらの伝承から、私はまたも想像の翼を広げてみます。

①の話を信じるとすると、六月七日に鎌倉公方の御所を訪れた「祇園の神輿」は、この天王

山の古い神輿だったのではないか、という先の推測とよく重なります。

なお、中世鎌倉のメインストリート小町大路にあった、大町祇園社の「お旅所」(もと妙隆寺の向かいにあった空き地。現在は住宅地)もかつては「天王屋敷」とか「天王畑」などと呼ばれ、ここにも「むかし古い神輿をいけ(埋め)た」という、よく似た言い伝えがあるといいます。

また、浄明寺町の天王さまが滑川を流れて、下流にある大町の天王さまになったという、②の「天王さんの川流れ」の伝承は、「祇園会の船」の記事と一つになって、鎌倉の祇園会はもと滑川の水神の祭りだったのかもしれない、という幻想に私を誘います。

少なくともこの伝承が、浄明寺町と大町にあった二つの天王さんの深いつながりを示唆しているのは確実でしょう。近年まで大町の八雲神社の夏祭りには、大町の人々のほか、由比ケ浜・小町・大倉、それに浄明寺町内の代表も参列するのが習わしになっていたといいます。これもまた私には、鎌倉のもっとも奥まった浄明寺町内にまで及んでいた、天王さんの「お旅」の広がりを、反映しているように思われてならないのです。

戦国時代の祇園祭

さて、祇園・天王にかかわる史料群の中で、ひときわ目をひくのが、八雲神社にいまも伝わる戦国時代も終わりの「鎌倉祇園祭」の朱印状です。これは、天正十四年(一五八六)六月十二日に、戦国大名の小田原北条氏が、その配下の「大道寺代」、つまり北条氏の鎌倉代官だった大道寺《だいどうじ》政繁《まさしげ》の下役（小代官の後藤氏か）に指示したもので、こんな内容です。

禁制《きんぜい》

一、鎌倉祇園祭に於いて、喧嘩口論の事、

一、押買狼藉《おしかいろうぜき》、横合非分《よこあいひぶん》の事、

已上

右の条々、違犯《いぼん》の族《やから》に至りては、権門《けんもん》嫌わず、則わち搦《から》め捕り、披露を遂ぐべし。厳科《げんか》に処すべきむね、仰《おお》せ出さるる者なり。よって件《くだん》のごとし。

鎌倉の祇園祭で喧嘩口論をしたり、市場で乱暴をしてはならぬ。この禁制に違反するものは、たとえ身分のある者でも、その場で逮捕し、代官に通報せよ、大名の手で厳重に処罰する、というのです。

第一条の喧嘩口論の禁は、祇園祭に集うすべての人々が対象で、第二条の押買狼藉・横合非分の禁止は、祭りでにぎわう町場や露店で、大名の威をかりた家来たちの横暴を取り締まろう、というのでしょうか。無理強いの買い取りをしてはならぬという、押買狼藉の禁は、よく町場や市場に出される禁令で、鎌倉初期に「鎌倉中」の町場に出された掟にも、「(町) 押買の事」という一項が明記されていたほどです(『吾妻鏡』)。

この朱印状では、「鎌倉祇園祭」という第一条の書き出しと、六月十二日という日付が目に付きます。つまりこの禁令は、祇園祭のまっただなかに発令されたことになります。その文面が、鎌倉の町の祇園祭の熱気と喧騒が伝わってくるような臨場感にあふれているのは、そのためでしょう。室町時代にふと姿をみせた祇園会は、戦国の末にも生き続けていたのです。その祭りのあいだ、戦国大名は鎌倉の町衆や祭り目当てに集まった人々に「祭りの平和」「町の平和」は自分が保障すると、派手なパフォーマンスを演じてみせたのだ、と私は思うのです。

さらに驚かされるのが、「鎌倉祇園祭」と明記された禁制原文の迫力です。

それは広げるとタテ三一・四×ヨコ五一・二センチもある大判の、鳥の子様の料紙に書かれていて、北条氏の大きな「虎の朱印」も鮮やかな、権威にみちたものです。しかも面白いことに、その折り筋をよくみますと、はじめの「禁制」の二文字が表に出るよう、普通の折り方とは逆に、字面を外にして折りたたんだらしい痕跡が、はっきりと残っています。この風変わりな折り方から、もし祭りを邪魔するものがあったら、「このご禁制が目に入らぬか」と、大威張りでつきつけた様子が、みえてくるようです。

そんな光景をしのばせるように、一通の詫び状が神社に伝えられています。二世紀以上のちの文化十一年（一八一四）のことですが、今日から祇園祭だという六月七日に、近くの長谷《はせ》村の和吉という男が、地元大町にある辻町の親類をたよって、宮司、大町の村役人、大町八町の世話人、惣氏子《そううじこ》あてに、こんな詫び状を書いています。

今日、祇園ご祭礼のご神幸先をも弁《わきま》えず、拙者《せっしゃ》、酒狂《さけくる》い仕《つかまつ》り、ご制禁《せいきん》の表《おもて》をも恐れず、ご神輿へ不届《ふとど》き仕り候旨《むね》、かねてお糺《ただ》し候ところ、一言の申し訳けもご座なく……。

祭り酒に酔って、権威ある神輿のお旅の先をけがし、まことに申しわけありません、というのです。面白いのは「ご制禁の表をも恐れず」という文言です。八雲神社宮司の小坂昌美さんは、これは北条氏の禁制のことに違いなく、この江戸末期のエピソードの後も、大名のご朱印によせる大町の氏子たちの誇りの心情は、明治・大正ころにはまだ受け継がれていた、と書いています。[10]

中世大町の面影

近世の大町から

八雲神社は大町の総鎮守とされ、その夏祭りは「お天王さん」と呼ばれてきたことは、これまでにみたとおりです。

神社に伝わる大正期の『八雲神社御祭礼役割帳』によれば、その夏祭りを支え、演じてきたのは、大町月番《おおまちつきばん》とか天王番《てんのうばん》などと呼ばれた人々で、「町小路《まちこうじ》、中座《なかざ》、松殿《まつどう》、傘町《からかさまち》、米町《こめまち》、魚町《うおまち》、辻町《つじまち》、小坪《こつぼ》」という「大町八町」の旧家から、それぞれ五人ほどずつ選ばれてつとめてきた、といいます。

中世の「鎌倉祇園祭」もまた、そのころから地元大町の町衆の手で守りつづけられていたはずだと私は想像しています。

ただ気になるのは、これら大町八町の名が、①はたして中世までさかのぼれるのか、②それぞれの町の範囲はどこからどこまでで、③祇園社とはどういう位置関係にあるのか、ということです。

①について、まず江戸時代からさかのぼってみましょう。十七世紀はじめの『鎌倉中《かまくらじゅう》反銭《たんせん》・棟別改地帳《むなべちあらためちょう》』で大町の姿をみますと、

町小路　一二石四六七合

中座　六石五三六合

松堂　一一石五四五合
傘町　一一石四四五合
米町　一四石一九七合
魚町　二石九二七合
辻町　六石一二二合

とあります。

つまり、慶長十一年（一六〇六）にはすでに、大町の七つの町内がしっかり姿をみせていて、大町七町の村高は合わせて六五石二三九合になります。これに小坪を加えて八町になるわけです。

次に、十七世紀末ごろの鎌倉十か村の村高と家数を『鎌倉郡拾ケ村高改帳《たかあらためちょう》』によって比べてみましょう。

山之内村　四〇石四五〇合（七二軒）
扇ケ谷村《おうぎがやつ》　九石二八九合（四八軒）
雪之下村　一五石二三七合（一一七軒）

谷合四ケ村

　西御門《にしみかど》村　五石五八六合（一四軒）

　二階堂村　一四石三四八合（四五軒）

　浄妙寺村　五石六三五合（二八軒）

　十二所村　五石六五六合（二六軒）

小町村　二九石三六七合（一九軒）

大町村　六三石三八〇合（一四三軒）

乱　橋《みだればし》村　五二石一七六合（一二八軒）

材木座村　三二石八八三合（乱橋村に合算）

長谷村　一四六石六五三合（六五軒）

坂之下村　六四石〇一三合（八〇軒）

極楽寺村　四五石九七九合（三三軒）

このうち、もと鎌倉公方が住んでいたのは、谷合四ケ村のうち浄妙寺村で、江戸時代のはじめには、村高わずか五石六三五合、家数二八軒という寒村になっています。一方、大町村の方は、村高は六三石三八〇合で、三番目の大きさですが、家数は鎌倉すべてで八一八軒のうち一四三軒ともっとも多く、それに次ぐ一一七軒の雪之下村（鶴岡八幡宮の門前町）と並んで、まさに「大町」の名に恥じない、鎌倉ではもっとも賑やかな集落だったことがわかります。

さらに、江戸時代後半の鎌倉の大通り筋を詳しくスケッチした、一枚の絵図をみます。文化《ぶんか》四年（一八〇七）にできた、「浦賀《うらが》道《みち》見《み》取《とり》絵《え》図《ず》」（東京国立博物館蔵）という、美しい彩色の絵図です。その「大町村」のところには、小町大路に沿って、天王（祇園）・教恩寺《きょうおんじ》の間から大町四つ角にかけて、一四〇軒ほどの家々が軒を連ねて、大町はまるで祇園社の門前町のようにみえます。

一方、「雪下村」のところにも、二の鳥居の近くから八幡宮前の「横小路町」へ、さらに「宝戒寺《ほうかいじ》門前町」から筋違橋《すじかいばし》を渡って、大倉にいたるまで、大道沿いに密集した集落が、細密画のように描かれ、まるで八幡宮の門前町のようにみえています。江戸時代の「村」というのは、地方の行政単位の呼び名のことで、「村」とあっても農村とは限らないのです。

中世の大町へ

さらに十五世紀末にさかのぼってみます。このころ大町八町の一つ米町にあった善宝寺（廃寺）の寺領には、さまざまな商人や職人たちのいたことが知られています（『光明寺文書』）。明《めい》応《おう》六年（一四九七）七月に書かれた寺領の目録から、人々の住んでいた町名と名前のわかるものを、抜き出してみましょう。

米町浄本・米町青物屋三郎次郎・中座紙屋右衛門四郎・中座七郎太郎・辻子《ずし》木村源四郎・辻子源次五郎・塗子か辻子安井源三郎・塗子か辻子宗珍・塗し助四郎・嶺崖銀細工源三郎

先にみた米町・中座など町の名や、青物屋・紙屋・塗子（塗師）・銀細工などの商店や職人たちの種類が注目されます。なお、辻子・塗子ヶ辻子・嶺崖という地名の現在地は不明です。

この目録といっしょに伝わる、同時期のものらしい善宝寺の絵図には、数多くのランドマークが記号風に書き込まれています。そのうち、東西（上下）に走る通りの上（東）端には、「米町」と記され、通りの両側には、それぞれ三軒ずつの、いかにも店屋らしい横長の家が、軒を接しています。この両側に町屋の並ぶ、現在の大町大路（長谷から小坪に通じる古代の東海道）にいまもある米町の通りで、ちょうどいまの大町四つ角のあたりです。

この絵図は、十五世紀末ころの大町の中枢部のスケッチだったのです。かつて大町にあった善宝寺ゆかりの二つの資料は、鎌倉祇園社のまわりの中座や米町の一帯に、十五世紀末ころにもなお、青物屋・紙屋・塗師・銀細工など、商人や高級な工芸職人たちが軒を連ねる町場が息づいていたことを伝えてくれています。

十五世紀なかばを過ぎると、鎌倉の町はすっかり衰退して、寒村になってしまったと力説する『市史』総説編も、さすがにこれらの情報は無視できず、

しかし鎌倉にはなお銀細工も住んでいたし、紙屋もあったし、青物屋もあった。そして米町は依然として穀物の売買をしていたであろう。特に注意すべきは中座の文字である。中座というのは町座のことであったらしい。……そこにはなお相当な商業区域を構成していたように思われないではない。なお……明応ごろと推定される善宝寺領の地図があるが、それには豊かには見えないが民家が檐《のき》を並べている米町の様子が描かれている。

と、ためらいながらも、率直に記しています。座とか町座というのは、有力な商工業者の集まる、特権をもった町を意味しています。

鎌倉時代へさかのぼりますと、町の小字のいくつかはすでに現れているのです。建長《けんちょう》三年（一二五一）に、幕府がはじめて鎌倉市中の「小町屋および売買」の制限に乗り出した時、町屋を営むのが公に認められた区域は『吾妻鏡』によると、

大町、小町、米町、亀谷《かめがやつ》辻、和賀江《わかえ》、大倉辻、気和飛坂《けわいさか》山上

という、七つの町でした。次いで文永《ぶんえい》二年（一二六五）に、ここだけは町屋を営んでもいいと、あらためて鎌倉幕府が認めた「町御免の所」は、

大町、小町、魚町、穀町（米町）、武蔵小路下《むさしこうじした》、須地賀江橋《すじかえばし》、大倉辻

の七か所でした。★補注6

『市史』をたよりにしますと、幕府に公認された鎌倉の町屋というのは、大きく次の三つのブロックに分かれていたことになります。

①は武蔵小路下・亀谷辻・気和飛坂山上で、ほぼ現在の八幡宮の赤橋から寿福寺〜亀ケ谷〜化粧《けわい》坂の一帯にあたります。鎌倉の中枢から西側の山寄りです。

②は須地賀江橋・大倉辻で、いまの小町大路と六浦道の交わる筋違橋・塔ノ辻のあたり、大倉辻はそのさきの六浦道と二階堂大路の交わる、関取橋の西、岐《わか》れ道の東のあたり、といいます。鎌倉の中枢部といってもいいでしょう。さきの「浦賀道見取絵図」のうち「雪下村」のスケッチにも、八幡宮前から宝戒寺の門前町をへて筋違橋を渡り大倉にいたる一帯には、道沿いに密集した集落がみえました。

③は小町・大町・米町（穀町）・和賀江で、祇園社はこのブロックに入ります。中枢から南へ海寄りの一帯にあたります。

大町を歩く

大町八町と呼ばれる、地籍図にもみえない町名がいまのどこにあたるかは、古い地誌類にも町の人々の間にも諸説があって、その範囲を特定するのは、難しそうです。いまは試みに、大町の方々のお話や、鎌倉中央図書館の木板古絵図コレクションをもとに、大まかに現代の鎌倉の地図に落としてみます。

まず、南北に走る中世のメインストリート小町大路が滑川を渡る夷堂橋《えびすどうばし》（本覚寺の門前）のところが、小町（北）と大町（南）の境です。北からこの橋をわたって大町に入ると、大道にそって両側に、町小路・松殿（松堂）・中座と、古い地名が並びます。とくに中座は、八雲神社をまっすぐに出て教恩寺にいたる、東西の小道の両側の一帯で、大町の賑わいを支えた、商工業者の集まる町座の中心だった、とみられています。神社前のお旅所を出た天王さんの神輿は、この中座の道を通って、米町から順に「お旅」に出るのが例になっていた、といいます。

この南北の小町大路が、東西の大町大路（古代の東海道）と交わる大町四つ角が、米町辻です。辻を越えて南へ小町大路がのび、乱橋まで、魚町（逆川のあたり）・辻町（辻薬師《つじのやくし》・元八《もとはち》幡《まん》・本興寺《ほんこうじ》のあたり）とつづきます。なお『市史』は、鎌倉末に「甘縄《あまなわ》魚町東頬《ひがしつら》」とみえるから、魚町は甘縄にあったとしていますが、大町の魚町と区別するため、こう記したのでしょう。

一方、東西の大町大路（旧東海道）に沿って、若宮大路の下馬《げば》四つ角から延命寺橋を渡るあたりが米町口で、そこから大町四つ角（米町辻）のあたりまでの道の両側が米町、その先、名越《なごえ》までの間が傘町、ということになるでしょうか。

『新編相模国風土記稿』は「大町村」の冒頭に、「鎌倉繁栄の頃は、此の辺り、悉《ことごと》く賈区《こく》」と特筆し、『市史』総説編も、とくに米町の一帯が鎌倉時代の商業の中心であった、としています。問題の祇園社は、鎌倉時代以来の繁華街・大町の中枢に位置し、大町町衆に支えられてきた、とほぼ断定してもいいでしょう。湯山さんも、大町の祇園社の祭事は、「鎌倉の町衆によって支えられ、都市鎌倉の最大のイベントになった」、と大いに強調されています。

八幡宮門前の町衆

さいごに、戦国期の八幡宮かいわいの町衆の姿についても、佐藤博信さんの「『快元僧都記』の世界像」[11]をたよりに、少しだけ探ってみましょう。

町大鉾と町神輿

十六世紀の前半、戦国大名の小田原北条氏が鎌倉を占領して、その外郭にあたる玉縄山《たまなわ》（大船駅の西側、清泉女学院の一帯）に、玉縄城を築くとともに、町の中心をなす鶴岡八幡宮の再建を、いわば国家事業としてすすめます。その工事を担ったのは、鎌倉・玉縄・伊豆・奈良の四つの工匠たちの集団で、競い合って奔走します。大工の新右衛門《しんえもんのじょう》尉、扇谷の内匠助《たくみのすけ》らの「鎌倉番匠衆《ばんしょうしゅう》」は、「当社大工」と区別されていますから、八幡宮お抱えの大工衆ではないようです。

天文《てんぶん》元年（一五三二）に本社再建の工事がはじまり、神社のご神体をしばらく仮殿《かりどの》に移す、仮遷宮《かりせんぐう》の儀式が行われた、天文五年八月のことです。正殿から仮殿にいたる道は、浜砂の道に莚《むしろ》をのせ、布を敷いて作られ、その上を遷宮の行列が厳かに進みます。その行列は、

御手箱《おんてばこ》、御剣《つるぎ》、御経《きょう》、御袈裟《けさ》、御榊《さかき》注連《しめ》、楽人《がくじん》、職掌《しきしょう》、巫女《みこ》、御鉾《ほこ》小八本、町、、、町人大鉾三本、駕輿丁《かよちょう》（神輿《しんよ》）、

という順だった、とあります。この遷宮の神事は、よほど人々の目をひいたらしく、『快元記』はこの日、「参詣の衆、鎌倉中に満つ」と書いているほどです。いま注目したいのは、行列の最後にみえる「町人大鉾三本」です。

なお参考までに、鎌倉時代（弘安《こうあん》四年＝一二八一）の『鶴岡八幡宮遷宮記』をみますと、遷宮行列の後ろの方に、「大御鉾三本」「小御鉾十二本」とあり、その五番ほど後にも、

次に神輿、先に中御前、次に西御前、次に東御前、駕輿丁二十四人、一基別に八人、帽子、赤狩衣《あかかりぎぬ》、

と記されています。遷宮の行列に、大鉾《おおほこ》（犀鉾《さいほこ》）三本と小鉾十二本が神輿《みこし》三基に先行するのは、古い習わしだったことがわかります。

さて、この戦国の仮遷宮の記録には、「御鉾小八本」は、「御」という敬称つきなのに、三本の「町人大鉾」（あるいは「町大鉾」）には、「御」がついていませんし、大鉾が小鉾の後という

のも、鎌倉時代の古例と違っています。こうした点からみてこの戦国の大鉾は、いかにも町人の鉾という感じがします。弘安の仮遷宮の時、大鉾三本は「焼失によって、今度はこれを略す」とありますから、戦国にもまだ神社の大鉾は補充されず、町衆の祭りの大鉾が代わりをつとめたのかもしれません。

いずれにせよ、八幡宮の遷宮の神事に、三本の大鉾をもった「町人」衆が参加しているのは、間違いありません。佐藤博信さんは、これら三本の町大鉾は、八幡宮門前の三つの町内（未詳）がそれぞれ、自分の町の象徴としてもち出したものだろう、と推定されています。「参詣の衆、鎌倉中に満つ」という町ぐるみの賑わいは、こうした門前町衆たちの参加によるところも大きかったのでしょう。

ところで、戦国の仮遷宮から四年たった、天文九年（一五四〇）九月の末、いよいよ造営が完成に近づいて、八幡さまのご神体をもとへもどす、正遷宮《しょうせんぐう》の準備がはじまります。すると、『快元記』には今度も、

晦日、町人共、院家《いんげ》中へ来たりて、御神輿お供のこと、如何《いかが》の由、これを申す。

とみえています。「町人共」が神社へ、遷宮行列のお供をどうしましょうか、と伺いにきたと

いうのです。「お神輿お供のこと」というのは、①八幡宮のお神輿をかついでお供をするというのか、②町大鉾または町神輿《まちみこし》を出して、遷宮行列のお供をするというのか、少しあいまいです。

まず①の可能性はどうでしょうか。八幡宮の再建計画がもちあがったばかりの天文元年六月一日のこと、『快元記』にこんなできごとが記されています。

神輿三基、拝殿に飾りたてまつり、安置したてまつるのところに、諸人参り、散銭二、三千疋《びき》ばかりこれありと云々。二十一日まで置き申す。

八幡宮の三基の神輿を出して、拝殿に飾ったところ、お参りに来る人々が大勢あって、思いがけず二、三千疋ものお賽銭《さいせん》が集まったので、三週間も飾っておいた、というのです。仮に一人一疋（十文）ずつなら、わずか数日で二、三千人もの人々の参詣があった、ということになります。

このころ八幡宮の神輿は、八月十五日の放生会の時だけ、拝観できたようですから（『快元記』天文五年同日条）、この時は特別の拝観とあって、人々が押しかけたのでしょうか。もとは源氏や鎌倉武士たちの武神だったはずの八幡宮に対し、この戦国のころには、新たに鎌倉内外の民衆の信心も幅広く生まれている様子がうかがわれ、心ひかれます。

ただ仮遷宮の時には、神社の神輿をかついだのは、一基に八人ずつの駕輿丁《かよちょう》と呼ばれた人々で、町人たちは別に町大鉾をもって参加していたのですから、「お神輿お供」というのを、神輿をかついでのお供と断定はできません。なお、いまの神輿三基はこの時期の作とされ、それぞれ鳳凰《ほうおう》（中御前＝応神《おうじん》天皇）・宝珠《ほうじゅ》（西御前＝媛《ひめ》神）・菊《きく》（東御前＝神功《じんぐう》皇后）と呼ばれているそうです。

では②の大鉾か町神輿の可能性はどうでしょうか。前に町大鉾三本を出した鎌倉の町衆が、このたびも大鉾か町神輿でお供を、と申し出たとしても不自然ではありません。その可能性は大きい、といえます。なお、吉田権宮司《ごんぐうじ》のお話によると、いまも八幡宮の祭りには、鶴岡門前の通称「置石《おきいし》」と「横町《よこちょう》」の二つの町内が、それぞれ自分たちの神輿、つまり町神輿を出す習わしが続いているといいます。この町神輿が中世までさかのぼるかどうか、とても楽しみな宿題です。

こうして、戦国の世には、大町町衆たちの祇園会のほかに、鶴岡八幡宮門前の町衆もまた、三本もの自前の町大鉾（あるいは町神輿）で祭りを盛り上げていたらしい様子が、新たにみえてきます。戦国鎌倉の町衆たちのパフォーマンスも、なかなかのものだった、と認めていいのではないでしょうか。

町を支えた自力のエネルギー

町衆たちのパフォーマンスといえば、『快元記』にこんなエピソードもみえています。八幡宮の工事がまだはじまったばかりの、天文三年（一五三四）六月、社僧の快元のところへ一人の「町人」が訪ねてきてこう語った、といいます。

八幡さまの七度行路《しちどこうじ》（千度小路ともいう、いまの若宮大路）が、近くの扇《おうぎ》ガ谷川《やつがわ》の洪水で淵になってしまい、参詣や往き来する人々は、不便な回り路をしているありさまです。そこで私は、一念発起し頭を剃って坊さんになり、この四か年のあいだ、黒衣の姿で、道に土を運び、水たまりを埋め、がんばってきました。しかし、独力ではとても無理なので、私が本願人となって、勧進《かんじん》（カンパ集め）して資金を集り、この事業をなしとげたいと思います。道を直し、二か所の下馬橋もかけかえたいのです。どうか勧進帳（募金の趣意書）を書いてください。ただ文章は草人（庶民）にもわかりやすく……。

大名が鶴岡の修理に手をつけるよりも早く、「往還《おうかん》の煩《わずらい》」「諸人の疲労」をみかねた一人の「町人」が、出家して願をかけ、若宮大路や下馬橋を直そうと、たった独りで力仕事に奔走していた、というのです。

二か所の下馬橋というのは、享保《きょうほ》の「鶴岡八幡宮境内図」にも描かれた、扇ガ谷川と佐助《さすけ》川がそれぞれ若宮大路をよこぎる、二の鳥居のあたりと下馬四つ角から浜寄りのあたりでしょうか。快元はさっそく勧進帳を書き、勧進に必要な許可も取ってやった、といいます。この鎌倉の町人は、法名を道春というだけで、どこに住み何を職業にしていたのか、などは不明です。

そういえば、これより一世紀ほどさかのぼった寛正《かんしょう》二年（一四六一）、八幡宮の社僧の弥祐《ちんゆう》の書いた『香蔵院珎祐記録《こうぞういんちんゆうきろく》』にも、こんな話がみえています。

一、（八月）十五日、放生会これ無し。板倉方より、社頭の掃除これあり、町在地《ざいち》の者百余人、千度小地に出て、社内の草、悉《ことごと》くこれを取る。

一、中下馬橋これ無きあいだ、社家より、当社の枯れたる松にて、先ず両所の橋を、丸木にて渡さるるものなり。

なぜか恒例の放生会が中止になり、この日は、板倉方の人々が八幡宮の境内の掃除をし、「千度小地」（若宮大路）には、「町在地の者百余人」が出て草むしりをし、さらに社家の人々も出て、二か所の下馬橋に、並木の枯れ松で丸木の仮橋《かりばし》をかけた、というのです。さながら、休日に町中総出の大掃除、という趣です。

板倉方というのは、佐藤博信さんのご教示によれば、板倉新左衛門《しんざえもんの》尉《じょう》という、鎌倉を治める社家奉行のような地位にあった人物らしいのです。放生会の中止は、「さびれた鎌倉」を暗示しているかのようですが、むしろ私は、「町在地の者百余人」の協力に注目したいのです。町人たちが一軒あたり一人ずつ出たとすれば、百軒を超えていたことになります。

また、神社の周りが「社頭」で、「千度小地」が「社内」と呼ばれているのも、興味をひきます。享保の「鶴岡八幡宮境内図」にも、若宮大路は海岸の鳥居まで千百五十メートルほどの間が、「境内」として描かれています。その道を修理する資金集めの勧進に、神社の許しが必要だった理由もこれではっきりします。ただ、若宮大路や下馬橋の荒廃は「往還の煩」「諸人の疲労」だというのですから、ここは、町の大切な生活道路でもあったのでしょう。なお若宮大路は、中世から七度行路・千度小路などと呼ばれた信仰の道で、いまも地籍図の小字名に残っています。

さて、もういちど『快元記』にもどりましょう。あの町人が勧進をはじめた次の夏には、玉運《ぎょくうん》という坊さんが、やはり快元に勧進帳を書いてもらい、大名の許しも得て、浜の大鳥居を再建しようと奔走しています。かれは「本願安養院の僧」とありますから、祇園社にほど近い、大町（名越）の安養院（坂東三番の札所＝田代観音）の住職だったようです。浜の大鳥居も大町側からみれば地元、という気持ちだったのでしょうか。また、扇谷今小路《いまこうじ》の番匠主計助《かずえのすけ》が、やはり地元の巽《たつみ》荒神（いまの巽神社）を修理した、というような記事もみえています。

佐藤博信さんは、大名の八幡宮再建を真に支えたのは、鎌倉生まれの小代官＝後藤氏を頂点とした、中世都市鎌倉の町人共同体の力量だった、と力説されていますが、この指摘に私は深い共感を覚えます。

私もまた、大名の権力とは別に、自発的な地元の住民パワーで町づくりを進めようとしている動きを、戦国の世の鎌倉住民の自力の証、とみたいのです。住民パワーといえば、『快元記』の天文二年（一五三三）と四年の記事にはこんな話もあります。

①（建長寺）禅居庵の山の木を始めとして、所々の木ども、同じく鶴岡の木ども、百本伐らるべきのよし、これあり。このこと然るべからざるよし、申す族《やから》多し。

②当社の並木、伐らるべからず。しかるところ、神宮寺の造営になぞらえ、数本伐るかのよし、その聞えあり。よってこれを尋ね糺《ただ》さる。

まず①は、新しい八幡宮を造るためにというので、建長寺の塔頭《たっちゅう》の背後の山をはじめ、鎌倉中の山の目ぼしい木々が、次々に伐り倒され、それをみた人々が反対している、というのです。それればかりか、②では、八幡宮の坊さん自身も、たとえ八幡宮の境内に神宮寺を造るためであっても、神社の並木は一本たりとも伐るのは認められないといって、大名の代官に抗議した、というのです。大路の並木は、聖なる神域のシンボルと考えられていたのでしょう。

その並木も、いまでは、社頭から二の鳥居の先まではその面影さえないのですが、先にみた「境内図」や「浦賀道見取絵図」には、若宮大路の両側に、神社から浜にいたる、みごとな松並木がスケッチされています。①で「然るべからざるよし、申す族多し」といっていますから、大名批判の声は、神官や坊さんたちのほか、かなり幅広くあがっていたらしい様子です。ここにも、戦国の町の人々の批判精神や自力の意気ごみに、じかに触れる思いがあります。

では、祇園を「町衆の神」とした鎌倉の町衆が、いったいなぜ、もともと「武士の神」だった八幡宮のために、遷宮に町大鉾を出したり、進んでお供を申し出たり、社内の道橋や大鳥居の勧進に奔走したりしたのでしょうか。戦国の鎌倉かいわいに、八幡宮への信心が新たに大きく広がっている様子がみえたのは、そのナゾを解く一つの手がかりですが、なお『快元記』には、こんな意外なできごとが、書き留められています。

八幡宮再建の進む天文四年(一五三五)十月、かつて小田原北条氏に鎌倉を追われ川越城(埼玉県川越市)に去った、上杉朝興《ともおき》の軍の反撃に襲われて、湘南の村々が火の海になった日、鎌倉の人々は、だいじな俵物(食糧)をかついで、こぞって八幡宮の境内に戦火を避けた、というのです。永正《えいしょう》九年(一五一二)に、北条早雲がはじめて鎌倉に攻め込んだ時も同じで、「みなもって宮中に逃げ籠った」といいます。

ところが、これに目をつけた北条方の鎌倉代官が、避難した俵物に課税する、といってきたのです。八幡宮はこれに強く反発し、「境内に逃げ込んだのが、敵領（敵の下地《したじ》）の百姓ならいざ知らず、みな北条方の者（御成敗《ごせいばい》の地の者）ではないか」と怒り、「他寺、他山のことは知らず」当社はこの課税を認めるわけにはいかぬ、とはねつけた、というのです。

この一件から、戦国の世の鎌倉の人々は、いざ戦火が迫ると、決まって八幡宮に家財もろとも難を避け、神社もこれをけんめいにかばおうとしていた、という事情がみえてきます。「他寺、他山のことは知らず」といっていますから、おそらくこの時代には、他のお寺や神社も、鎌倉の人々の生命や財産を守る、「かけこみ寺」になっていたのでしょう。よく似た中世の避難所の例は、いま全国で数多く知られるようになっています。

これなら、鎌倉の町衆が八幡さまのためにといって、力を尽くすのも、納得がいきます。公方にみすてられた鎌倉の町には、八幡宮を頂点として、数多くの寺社が領主として残り、町を支配したのですが、かれらは町のイザという時の危機管理の責務を、一手に負わされていたことになります。「その後の鎌倉」は、自前の生命維持装置《サヴァイヴァル・システム》を作り上げていた、とみられるのです。

佐藤博信さんも力説される通り、あの勧進の行動力も、大名に対する勇気ある批判の精神も、この自力の世界がもっていた力量だった、と断定してもよいのではないでしょうか。このエネルギーなしには、戦国大名の八幡宮再建もそうたやすくは実らなかった、というべきでしょう。

これで、中世鎌倉の祇園会を焦点にした、私の「その後の鎌倉」の探訪を終わります。

これまで私たちは、わけもなく鎌倉を「武士の都」とだけ思い込み、鶴岡八幡宮と鎌倉幕府を中心とした、同心円のような構造をもった、中世軍事都市のイメージを描いてきたように思います。

しかし、この風変わりな鎌倉歩きを通じて、新たに祇園祭に出合うことになりました。中世後期の鎌倉の町には、夏の終わりの「町衆の祭り」（祇園社）と中秋の日の「武士の祭り」（八幡宮）という、二つの大きな祭りが並び立っていたのでした。鎌倉時代だけでなく、その後の室町・戦国時代にも、鎌倉に暮らしていた「町人」たちが、「祇園会」や「勧進」に、大いに自力のエネルギーを発揮していたという事実を、しっかり認めたいと思うのです。

つまり、中世都市の鎌倉というのは、決して武士中心の同心円構造の都市だったのではなく、「武士＝八幡宮」と「町衆＝祇園社」という大きな二つの核、二つの中心をもつ、いわば楕円構造の都市だった、といってもいいのではないでしょうか。

注

はしがき――「村の城」によせて

1　藤木久志『戦国社会史論』東京大学出版会、一九七四年。
2　藤木久志『豊臣平和令と戦国社会』東京大学出版会、一九八五年。
3　勝俣鎮夫「戦国時代の村落」『社会史研究』六、日本エディタースクール出版部、一九八五年。のちに同『戦国時代論』岩波書店、一九九六年に収録。
4　藤木久志『戦国の作法』平凡社選書、一九八七年。
5　藤木久志『戦国史をみる目』校倉書房、一九九五年、同『村と領主の戦国世界』東京大学出版会、一九九七年、参照。
6　藤木久志『戦国社会史論』前掲、参照。
7　藤木久志「村の跡職」『日本中世内乱史研究』一一、一九九一年。のちに同『村と領主の戦国世界』前掲に収録。同「生命維持の習俗三題」『遥かなる中世』一四、一九九五年。
8　水藤真「村や町を囲うこと」『国立歴史民俗博物館研究報告』一九、一九八九年。
9　野崎直治『ヨーロッパ中世の城』中公新書、一九八九年。

1　戦場の荘園の日々――和泉国日根荘

1　藤木久志『戦国の作法』前掲。

2 藤木久志『雑兵たちの戦場』朝日新聞社、一九九五年。
3 勝俣鎮夫「戦国時代の村落」前掲。
4 菊池勇夫「山野海河と救荒」『弘前大学国史研究』九三、一九九二年。のち同『飢饉の社会史』校倉書房、一九九四年に収録。藤木久志「生命維持の習俗三題」前掲。
5 藤田弘夫『都市の論理』中公新書、一九九三年。

2 村人たちの戦場

1 藤木久志『豊臣平和令と戦国社会』前掲。
2 塚本学『生類をめぐる政治』平凡社選書、一九八三年。
3 荒敬『日本占領史研究序説』柏書房、一九九四年。
4 藤木久志『戦国史をみる目』前掲。

3 戦場の商人たち

1 藤木久志『雑兵たちの戦場』前掲。
2 小林計一郎「軍役と兵粮」『日本歴史』二二一、一九六六年。二木謙一『大坂の陣』中公新書、一九八三年。
3 山内進『掠奪の法観念史——中・近世ヨーロッパの人・戦争・法』東京大学出版会、一九九三年。

4 荘園の四季

1 藤木久志『戦国の作法』前掲。なお、中野豈任『祝儀・吉書・呪符』吉川弘文館、一九八八年、参照。
2 海津一朗「『武家の習』と在地領主制」『民衆史研究』三〇、一九八六年。同「中世在地社会における秩序と暴力」『歴史学研究』五九九、一九八九年。
3 中野豈任『祝儀・吉書・呪符』前掲。

5 村からみた領主

1 藤田弘夫『都市の論理』前掲。
2 「家・村・領主」『週刊朝日百科「歴史を読みなおす」』一三、五〇〜五一頁写真参照、朝日新聞社、一九九四年。
3 中野豈任『祝儀・吉書・呪符』前掲。
4 勝俣鎮夫『一揆』岩波新書、一九八二年。
5 同右。

6 村の入札

1 源川徹郎「『地獄札』について」『見附郷土誌』三、一九八八年。
2 藤木久志『戦国の作法』前掲。渡辺澄夫「中世社寺を中心とせる落書起請に就いて」『史学雑誌』五六編三号、一九四一年。

3　近世の入札については、加藤光男「近世村落に於ける盗人検断と入札」『房総の郷土史』一七、一九八九年、落合延孝「近世村落における火事・盗みの検断権と神判の機能」『歴史評論』四四二、一九八七年などを参照。
4　藤木久志『戦国の作法』前掲。
5　源川徹郎「『地獄札』について」前掲。
6　勝俣鎮夫「落ス」『ことばの文化史』中世一、平凡社、一九八八年。のちに同『戦国時代論』前掲に収録。
7　千々和到「中世民衆の意識と思想」講座『一揆』四、東京大学出版会、一九八一年。

7　鎌倉の祇園会と町衆

1　『よみがえる中世』三、平凡社、一九八九年。
2　同右。松尾剛次『中世都市鎌倉の風景』吉川弘文館、一九九三年。河野眞知郎『中世都市鎌倉――遺跡が語る武士の都』講談社選書メチエ、一九九五年。
3　俳句雑誌『波』一〇三～一一二に連載、一九八四～一九八五年。
4　大藤ゆき『鎌倉の民俗』かまくら春秋社、一九七七年。
5　村武精一『祭祀空間の構造』東京大学出版会、一九八四年。
6　大藤ゆき『鎌倉の民俗』前掲。
7　二木謙一『中世武家儀礼の研究』吉川弘文館、一九八五年。
8　松尾剛次「鎌倉祇園会」『春秋』一九九三年、六号。

9 鎌倉市教育委員会社会教育部文化財保護課編『としよりのはなし』一九七一年。
10 小坂昌美「小田原北条氏虎印禁制状の効果」『鎌倉』四九、一九八五年。
11 佐藤博信「『快元僧都記』の世界像」『日本歴史』五二三、一九九一年。

あとがき

「雑兵たちの戦場」のつぎは「村人たちの戦場」ですね。

『週刊朝日百科「日本の国宝」』編集長の能登屋良子さんにそういわれた時、私もふとその気にさせられていた。『雑兵たちの戦場』（朝日新聞社、一九九五年）の書き下ろしを終えて、ほっとしていた頃であった。

雑兵たちの目でみた戦争と平和を、今度は村人たちの目で、もう一度みなおしてみよう、というのである。この文集を「戦国の村を行く」と呼ぶことにしたのは、そんな願いからであった。「村人たちの戦場」といってもよかったかも知れない。

振り返ると私は、ここ十年ほどのあいだ、『豊臣平和令と戦国社会』（東京大学出版会、一九八五年）や『戦国の作法』（平凡社選書、一九八七年）を手はじめに、中世の村をめぐるナゾ解きの楽しみに没頭していた。その調べものの結果は、自称「村シリーズ」として、そのつど発表してきた。

これほど長く村歩きにこだわり、また熱中もできたのは、私が越後の山奥の村育ちであったからかも知れない。その小さな村も家もすでに焼かれて、間もなくダムの底に沈もうとしている。

一連の私の作品群のうち、問題提起風の小品は、先に『戦国史をみる目』（校倉書房、一九九五年）に収めたが、まだ二十余編が残されている。それらのうち、学界の内に向けた論文風のものは、別に『村と領主の戦国世界』（東京大学出版会、一九九七年）に収め、ここには外に向けたエッセー風の作品だけを選んで、『戦国の村を行く』として、まとめることにした。もと『週刊朝日百科「日本の歴史」』シリーズに収めた四編と、中世の遺跡やその保存の運動にかかわった講演の記録二編がその中心である。

私の「村シリーズ」の楽しみも、これらの三冊をもって、ひと区切りにしようと思う。「戦争と飢饉」とか、「生命維持の習俗」というような、中世史の新しい宿題が私を待っているからである。

文集のための原稿選びを、ひとまず終わったところで、前選書編集長の渾大防三恵さんに二度、編集を担当してくださった田巻育実さんには三度も、全編にわたって大切な助言をしていただいた。それを頼りに拙い独り合点をあらため、また新しい情報を加え、必要な注をととのえるなど、推敲を重ねた。個々の小品よりは、まとまった一冊の本らしく、少しでも読みやすくなっているとすれば、それはお二方の助言のお陰である。
もし『雑兵たちの戦場』とあわせて読んでいただければ、まことに嬉しいことである。

一九九七年　桜咲くころ

藤木久志

初出一覧

はしがき――「村の城」によせて
「村の城を見る目」『中世城郭研究』10、一九九六年。

1 戦場の荘園の日々――和泉国日根荘
「戦場の村の危機管理」『荘園に生きる人々』和泉書院、一九九五年。

2 村人たちの戦場
「村の城・村の合戦」『週刊朝日百科「歴史を読みなおす」』15、朝日新聞社、一九九三年。

3 戦場の商人たち
「戦場の商人」『戦国史研究』28、一九九四年。

4 荘園の四季
「荘園の歳時記」『週刊朝日百科「歴史の読み方」』9、朝日新聞社、一九八九年。

5 村からみた領主
「村から見た領主」『週刊朝日百科「歴史を読みなおす」』13、朝日新聞社、一九九四年。

6 村の入札
「村の入札」『週刊朝日百科「歴史の読み方」』6、朝日新聞社、一九八九年。

7 鎌倉の祇園会と町衆
「中世鎌倉の祇園会と町衆」『神奈川地域史研究』11、一九九三年。

解説

清水克行

はじめに

本書の著者、藤木久志氏（一九三三〜二〇一九）は、戦国時代研究の第一人者として、半世紀にわたって日本中世史研究を主導してきた。その研究生活は一九五〇年代末からの戦国大名研究に始まるが、この時期に藤木氏が個別論文の主題として扱った大名だけでも、上杉・伊達・佐竹・北条・本願寺・織田・豊臣など、きわめて多岐にわたる。個別の大名研究に一生を捧げる研究者も少なくないなか、戦後の研究草創期とはいえ、これだけの大名について横断的に専論をまとめた研究者は、きわめて珍しい。また、そのいずれの論文も、それぞれの大名研究において、現在にいたる通説の土台をなしている点でも、稀有な存在といえる。守護職、貫高制《かんだかせい》、撰銭令《えりぜにれい》、楽市令、天皇権威との相剋《そうこく》など、現在、私たちが見聞きする戦国大名・織豊政権に関する知見は、すべてなんらかの形で藤木氏の研究成果が反映されていると言っても過言ではない。とくに豊臣政権の発した停戦命令である惣無事令の「発見」は、学界に大きな衝撃をあたえ、その評価をめぐっては、現在も論争が続いている。

そうした大名研究の時代を経た後、藤木氏は、一九八〇年代に社会史研究が隆盛するのと軌を一にして、五十代頃から「村」の自律性を追究する独自の研究に着手する。その研究は、後述するとおり、二十年以上の大名研究を通じて全国の古文書を渉猟した蓄積や、生まれ育った新潟県の山村での体験、恩師井上鋭夫《としお》氏（一九二三〜七四）より受け継いだ民俗調査の技法を活かして縦横無尽に展開され、他の追随を許さない域に達していた。この時期に発表された、藤木氏が「村シリーズ」と自称する、「村の××」というタイトルを冠する研究論文は二十本近くにのぼり、当時の学界はまさに藤木氏の「自力の村」論に席捲《せっけん》されたかの様相を呈した。

本書は、そうした時期に書かれた、「村」を主題とする一般向けの文章をまとめた著作である。研究者として最も円熟していた時期に書かれただけに、本書は『新版　雑兵たちの戦場』（朝日選書）や『刀狩り』（岩波新書）と並び、藤木氏の研究のエッセンスをうかがい知ることのできる、最良の一般向け著作といえるだろう。

個人的な感慨となるが、私は、ちょうど本書が書かれた一九九〇年代に、立教大学と早稲田大学大学院（非常勤）で藤木氏の指導をうけ、本書に結実することになる藤木氏の構想が醸成されていく様子を、講義やゼミなどで間近でうかがう機会に恵まれた。あらゆる史料や研究文献に目を通し、それをどん欲に自説に組み込んでいく鬼気迫る集中力と情熱に、研究の道の厳しさを思い知らされたのが、昨日のことのように思い出される。二十年以上を経て、私にとっても思い出深い本書の「解説」を書くのは身の引き締まる思いだが、以下、本書の魅力について紹介していきたい。

なお、藤木氏は、元版刊行後も増刷のたびに本書に細かな補訂を加えており、さらなる補訂を期した私蔵本のメモの存在も没後に確認された。今回の新書版には、ご遺族のご了承を得て、それらの補訂を反映させ、読者への便宜を考え、清水の責任で巻末に若干の補注(★印)を加えた。

『七人の侍』が描く「戦国の村」

本書は、一九九七年六月に刊行されたとき、新聞書評などで「まったく新しい戦国時代像」を描いた著作として大々的に取り上げられ、著者の代表的ヒット作となった。しかし、そのさい、かなり多くの媒体で「『七人の侍』の描く『戦国の村』は間違っていた!」というたぐいの紹介がされたことに、当時、藤木氏はすこし戸惑っておられた。黒澤明監督の時代劇『七人の侍』(一九五四年公開)は、日本映画史上、屈指の名作として知られる作品だが、すでにその時点で公開から半世紀近くの歳月が流れていたからである。

映画ファンや、ある程度の年齢以上の方には、すでにお馴染みの話だろうが、簡単に、その筋書きを紹介しておこう。

戦国時代、物語の舞台となる、ある村は、度重なる野武士の襲来に苦しめられていた。野武士たちは収穫時を見計らい、田畑の実りや村人たちの財産を奪い、それに反抗する村人を殺し、果ては若い女たちまでさらう、という無法の限りを尽くす。絶望の淵に追い込まれた村人たちは、やがて村の防衛のために侍たちを雇い入れるという秘策を思い立つ。

町場に下った村人たちは、奇遇な出会いを重ねながら、リーダーの勘兵衛（演：志村喬《たかし》）、変わり種の菊千代（演：三船敏郎）を始めとする「七人の侍」を集めることに成功する。その後、村人たちと侍たちとの身分的な隔たりやわだかまりを克服しながら、刀の持ち方ひとつ知らない村人たちは、侍たちの鍛錬によって逞《たくま》しい戦士へと変貌していく。そして土砂降りの雨のなか、迫りくる野武士たちをまえに、彼らは最終決戦へと立ち向かう——。

CGなどまだ無いモノクロ映画でありながら、最後の死闘の迫力や、テンポよい物語の運び方などは、いまの若い人が観ても十分に楽しめる娯楽作といえるだろう。ところが、本作があまりに有名になってしまったために、その後の時代劇においては『七人の侍』の二番煎じになることが恐れられ、戦国時代の村が舞台とされる映画作品が作られることは、ほとんど無くなってしまう。以来、数々の戦国大名、戦国武将を扱う映画やドラマ、マンガが生まれても、日本国民にとっては「戦国の村」といえば、あいも変わらず『七人の侍』が、そのステレオタイプ・イメージとなったのである。本書の画期性を一般読者に語るとき、いまさら五十年近く前の映画作品が比較対象として持ち出されてきたのも、無理からぬところであった。

「戦国の村」の真実

刀の持ち方ひとつ知らず、侍を雇うことでしか自分たちの村を守ることができない、みじめな村人たち――。本書の「I　村の戦争」をすでに読まれた読者には、この『七人の侍』の物語設定が史実と乖離《かいり》していることは、すぐに気がつくことだろう。当時の村人たちは普通に腰に刀を指していたし、それは秀吉の刀狩り後であっても、ほとんど変わらなかった。それどころか、彼らは村を日常的に「要害」化したり、村の裏山に「城」を構えて、いざというときに生命・財産を守るためのシェルターを確保していた。そして、万一、外敵が襲来したならば、「出合え!」の掛け声ひとつで、村人たちは郷土防衛のための戦士に変貌する。そこに「七人の侍」の出る幕はなかった。

そして、藤木氏も本書七六頁で「文字通り『七人の侍』と紹介しているように、そもそも当時の村は純粋な農民だけで構成されていたわけではなく、すでに村のなかには侍身分の家が複数存在していて、彼らは村の危機に際しては応分の働きをしていた。映画が描くような村人と侍との身分的な厳しい垣根やわだかまりも、現実にはなかなか想定しづらい。

また、そうした村人たち自身も、戦争になれば、その貧しさゆえに他領で略奪に精を出す傭《よう》兵《へい》や、戦場の商人として暗躍する一面を併せ持っていた。村人たちは「みじめな被害者」どころか、「侍」にもなれば、村を襲撃する「野武士」や「死の商人」になることすらあったのである。現実は、映画のように単純な善悪で割り切れるものではなかった。

ついでに言えば、映画で描かれたような「野武士」（独立した数十人規模の略奪専業者集団）も、同時代史料中では、その存在はまったく確認できない（史料用語としての「野伏《のぶし》」は「農兵」や「傭兵」という意味である）。かりに、そんな無法な凶悪集団が領内に存在したとすれば、なによりも大名側がきっと放置してはおかないだろう。あるいは、「野武士」の側も、現実に存在したとすれば、そんな荒っぽい手口など使わず、大名権力の末端に取り入って、もっと合法的で洗練されたかたちの収奪を志向していたに違いない。

『七人の侍』のプロットは決して何らかの史実に基づいたものではなく、そこで描かれた物語設定も、戦国時代の実態とは全くかけ離れたものだったのである。

「村」から歴史を見る

しかし、「圧倒的に強大な戦国大名」に対して「みじめで非力な民衆」という時代イメージは、長く影響力をもち続け、彼らの拠って立つ「村」の自力は、半世紀にわたって不当に軽視され続けることになった。その背景には、創作世界の影響力もさることながら、戦後の日本国民が共有した「村」に対するネガティブ・イメージも、大きな意味をもっていたように思えてならない。

読者の皆さんは、「村」という言葉を聞いて、どんなイメージを抱かれるだろうか？

たとえば、二〇一一年に東日本大震災にともなう原子力発電所事故が起こったとき、マスコミなどでは「原子力ムラ」という言葉が批判的な文脈で多く使われた。ここでの「ムラ」という言葉は、原子力開発に利権をもつ政治家や官僚、学者、企業人をひとくくりにして指すものである。そこには、べつに彼らが一か所に集住しているという意味はなく、彼らが内々に結託し、国民の安全を無視して原子力開発を推進してきたことを揶揄《やゆ》する含意がある。また、日本社会のある一面を取り上げて「ムラ社会」であると形容する場合、そこでの「ムラ」という言葉には、内部の人間関係に拘泥《こうでい》して新しい変化を望まない、内向きで保守的な体質を非難するニュアンスが、つねに込められている。

ここからもわかるように、現代社会では「ムラ」という言葉は、排他的、閉鎖的、保守的、時代遅れといった、否定的な趣旨の形容詞として使われることが多い。現実に、戦後の高度経済成長期以降、日本社会では農村・漁村・山村などの第一次産業は主力産業ではなくなったし、個人主義が謳歌《おうか》される時代風潮のなかで、共同体的で濃密な人間関係は若者を中心に忌避される傾向が強い。そうしたなかで、「ムラ」というものにネガティブなイメージが生じるのは仕方ない部分もあるが、そんな現代人の先入観が、歴史上の「村」を見る目を曇らせてきたとすれば、それはそれで問題である。

深刻なことに、そうした「村」に対するネガティブ・イメージは、別の文脈で歴史研究の世界にも共有されていた。戦後の歴史学においては、戦前・戦中の反省から、日本の軍国主義を生み出した社会構造の歪みについての分析が進んだ。なかでも戦前・戦中の軍国主義を下支えした村落の保守的構造や、〝個人〟を抑圧するその排他性は、ともに厳しい指弾の対象とされた。端的に言えば、近代日本の「村」は、寄生地主制や財閥と並んで、日本型ファシズムの温床の一つとすらされていたのである。

その学界全体の風潮は、戦国時代研究にも色濃く影を落とした。戦後の研究では長く、戦国時代の村落は、領主の収奪を末端で支える下請け機構、あるいは上層農民（村のボス）による小百姓の抑圧装置として、否定的に語られてしまうことが多かった（藤木氏自身の研究すらも、ある時期までは村落の評価は消極的なものがあった）。それでも、かろうじて戦前からの文化史研究の流れで、室町時代には自治的な組織としての「惣村」が生まれ、民衆の自由と自治が開花した、とされてはいた。しかし、そうした輝かしい中世の自由と自治すらも、戦国時代になると内部矛盾が高まり自壊したり、強大な戦国大名の力に圧殺される、という評価が、当時としては一般的なものだった。

以上の社会一般の通念と学界の通説は微妙に重なり合いながら、「圧倒的に強大な戦国大名」

と「みじめで非力な民衆」という構図は、とくに疑われることもなく、戦後長く国民常識として浸透していくことになったのである。しかし、民衆一人ひとりは非力であったとしても、「村」を一つの政治単位として見たとき、彼らは十分に戦国大名とも互角に渡り合う存在だったのではないか。「村」は、彼らが自立するために創り出した一つの政治体制だったのではないか。藤木氏による「村」の再発見は、そうした国民常識に風穴を開けるものとなったのである。

村暮らしの原体験

では、なぜ藤木氏は、そうした国民常識から自由な視座を獲得することができたのだろうか。そこにはいくつかの要因が考えられようが、以下、三点に絞って、氏の「自力の村」論のオリジナリティの源泉を探ってみたい。

一つは、なにより、その生まれ育った郷里への思い、があげられるだろう。本書の「あとがき」でも述べられているように、藤木氏は戦前の新潟県の山村で生まれ育った。のちに回想するところによれば、そこは「電灯もなく馬車も通わず、雪に埋もれる半年ほどのあいだは、三日に一度の新聞さえも途絶えてしまうような、深い山あいの村」であったという。ただ、そうした不便ななかにあって、夜念仏や、かんの刈り（焼き畑の一種）、木の実採りなどの幼少期の村暮らしの原体験が、大名の領国統治の仕組みの解明ばかりを偏重してきた学界状況に違和感を覚えさせた、とも語っている（同『戦国の作法』「はしがき」）。

本書のなかでも「Ⅱ　村の平和」のうち「荘園の四季」や「Ⅲ　中世都市鎌倉」の「鎌倉の祇園会と町衆」では、無味乾燥な祭礼行事に関する史料中の記述に、民俗学的な知見などを総動員して肉付けを行い、普通の人々の普通の生活を復原することに情熱を傾けている。これらの文章は「Ⅰ　村の戦争」で述べられた「村の城」や「戦場の商人たち」などの衝撃的な事実の数々とは対照的で、ともすると読者はそれを地味に感じてしまうかも知れない。しかし、藤木氏はこのような地域の日常生活の素描を、他にも折に触れて書き残しており、自身も、そうした作品にかなり強い思い入れをもっていた。「一揆」や「相論《そうろん》」（村争い）で雄々しく活躍するのも、たしかに民衆生活の一側面だが、他方でたゆまず繰り返された日常の営みをよりリアリティーをもって描きたい。むしろ、藤木氏の研究の真骨頂は、こうした面にこそ発揮されたというべきかも知れない。『上杉謙信』とか、立派な名前を持たない無数の人々がどうやって生きたか」「村暮らしの大先輩ともいえる、無数の無名の人たちを、私はもう一度甦《よみがえ》らせたかった」というのは、終生変わらぬ藤木氏の思いだった（『朝日新聞』二〇一〇年三月二日付夕刊インタビュー）。

史料の洞察

しかし、そうした情熱や故郷への思慕だけでは、研究は進められない。藤木氏の独創的な研究を成り立たせる二つめの大きな要因として、その史料（古文書・古記録）の博捜と、独特の深い洞察、にも注目しなければならない。本書を一読した者ならば、どのページをめくっても無数に引用されている史料の分量に、他の歴史書にはない強烈な迫力を感じ取ることができるだろう。膨大な数の史料に目を通し、それを細大漏らさず立論に組み込んでいく手法は、研究論文や一般向け随筆を問わない、藤木氏の仕事の大きな特徴である。

後にも先にも、藤木氏ほど多くの戦国期の史料に目を通した人物はいない、と断言しても、おそらく、これに異を唱える研究者はいないだろう。本書をみても、藤木氏の史料探索は戦国期にとどまらず、中世全般や近世にまで及んでいる。それほどに藤木氏の博覧は徹底しており、余人の追随を許さないものだった。

また、それらの史料の扱いについても、ただ数を頼みに史料を羅列しているわけではなく、一点一点、まさに「眼光紙背に徹する」という精緻な読みを施すものだった。たとえば、本書でも二八頁では、史料中に「人質を取り返す」ではなく「人質に取り返す」と書かれているというわずかな事実から、拉致された人質当人を奪還するのではなく、村人たちが復讐として敵の村から別の人質を取ることを意図していることが読み取れることを、読者に注意喚起している。また二四九頁では、鎌倉の八雲神社に伝わる北条氏の朱印状の折り目の違いという微細な情報から、その文書が神社で代々どのように扱われてきたのかを類推している。些細なことだが、こうした確かな「プロの仕事」の積み重ねのうえに、本書の学説が成り立っていることを、読者には留意してほしい。

歴史の史料というものは、古い時代ほど被支配者側のものは残りづらく、為政者側の史料ばかりが残される、という宿命をもっている。そうした限られた史料のなかから民衆史を構築しようとする場合、多数の史料から同種の断片的な記述を収集したり、些細な記述の裏側を読み取るという職人仕事が不可欠となる。藤木氏の「村」の再発見には、氏の史料読みの卓越した技能も大きく寄与していたはずである。

戦国の村を歩いた人

本書の書名「戦国の村を行く」に象徴されるように、藤木氏は誰よりも歴史の現場に「行く」ことに強い信念をもっていた。藤木氏を「村」の再発見に導いた三つめの要因を述べるなら、それはフィールドワーク（現地調査）の実践、であろう。これは既述のように文献史料の乏少な民衆史にとっては、それを補う大きな武器となる。本書で取り上げられた日根荘には藤木氏はもちろん幾度となく足を運んでいるし、山科東荘や鎌倉の町に関する文章を読んでも、要所要所で現地での聞き取り成果が反映されていて、それが文章に説得力と深みを与えている。

私も藤木氏のフィールドワークに何度もご一緒したが、藤木氏にとって農山村の調査は自身の故郷の記憶とも繋がるらしく、いつも調査中は上機嫌で、村の道端での小さな発見にも誰よりも喜ばれていた。また、都会育ちの学生では見落としがちな、村の些細な情報や慣行にも目を光らせ、そこに中世の名残りを見出す洞察力は、村暮らしの経験者ならではのもので、そのたびに私たち学生は舌を巻くことにもなった。

こうした研究手法は、藤木氏の新潟大学時代の恩師である井上鋭夫氏から受け継いだものである。井上氏は越後中世史や一向一揆の研究者として知られているが、北陸地方一帯を主な舞台として、いちはやく農村調査を実践してきた人物でもある。藤木氏は学部生時代、夏休みのすべての期間、井上氏の調査に同行し、見よう見真似で地籍図トレース、古老からの地名・伝承などの聞き取り、古文書の整理・撮影に専念したという。以来、研究の舞台となった場所には必ず足を運ぶ、というのが、藤木氏のポリシーとなった。

本書の「鎌倉の祇園会と町衆」で言及した鎌倉などは、現在では観光地あるいは閑静な住宅街になってしまって、中世のフィールドワークにはおよそ不向きな土地柄であるが、それでも藤木氏は決して研究を机上のものに終わらせず、必ず現地を歩いて徹底的に調べることを実践している。いつか藤木氏は「あの論文は、僕の郷土史なんだよ」と語っておられたが、そこに住んでいる以上、長年住み慣れた土地の歴史は自分なりに明らかにしておかねばならない、という信念に基づいた仕事というべきだろう。また、地域の歴史はそこに住む生活者が書いてこそ意味がある、というのが藤木氏の持論であり、そのために地方で活躍されている郷土史研究者にはいつも尊敬の念と賞賛の声を惜しまなかった。

以上のような体験や手法や信念が、藤木氏をして「村」の再発見に至らしめたといえるだろう。

最後に勝ったのは……

ある対談のなかで『七人の侍』の評価について尋ねられた藤木氏は、次のような意外な回答をしている。

「非力な農民像を初めに描いた黒澤明さんですら、最終的には百姓が勝ち、野武士の集団や戦争がなくなって浪人した武士たちはみな村を追われる、という描き方をしている。それがあの作品に大きな力を与えたと思います。黒澤さんの体の中にあった民衆像は、最後の場面で発揮されたのであり、その意味では私は黒澤さんを買っています。」

（『東北学』八号・二〇〇三年）

映画のなかで野武士たちとの死闘で多くの犠牲を生んだ侍たちは、ラストで村が平和を取り戻すと、「勝ったのは、あの百姓たちだ、わしたちではない」という台詞を残して、村を去っていく。一見、主役は侍たちであったように見えて、じつは勝者は名もない百姓たちだった。その見方を変えれば、侍たちは百姓たちに上手に利用されて、使い捨てにされたともいえる。その一点で、藤木氏の描く時代像と『七人の侍』とは最後の最後で通じ合うものがあったようだ。

現実の戦国時代においても、表面的には大名権力や統一政権による強固な統治構造が築き上げられたかのように見えたとしても、その〝果実〟を手に入れたのは、じつは百姓たちではなかったか、というのが、藤木説の重要な眼目である。本書の「村からみた領主」でも、大名や領主はただむやみやたらな収奪を実現できたわけではなく、その存在には村との合意が不可欠であり、領主としての責務を果たしてこそ貢納は実現されたことが強調されている。そのために、領主たちは四季の民俗行事にこと寄せたかたちでしか、年貢や公事などの取り立てを行えなかったのである（「荘園の四季」）。

また、「村の入札」で描かれた犯人捜しを投票で決める習俗なども、ともすると大名によって押し付けられた暗黒裁判のように思えるが、藤木氏は、それが村独自に創出されたもので、村の自浄作用のための必要措置であったことを明らかにしている（本文中、友人に体験者がいるという話が、さらりと書かれているが、こうした点も氏の村暮らし体験の恐るべきところである）。

良いことも悪いことも含めて、社会の成り立ちに民衆は主体的に関わっているのであって、決して彼らは「みじめで非力な民衆」ではなかった。藤木氏は、こうした民衆の力の大きさを強調する真意を、現代を生きる若者たちに対して「一人ひとりが歴史をいまつくっている主体なのだということを分かってほしかった」とも語っている（『朝日新聞』二〇一〇年三月四日夕刊インタビュー）。

藤木氏が原体験として中世の息吹を感じ取った郷里の光景は、もはや日本社会では過去のものとなっており、現在では私たちが同じような体験をすることは難しい。また、列島の第一次産業の低迷は回復不可能なレベルに達しており、人々のあいだの「ムラ」のネガティブ・イメージを払拭することはより困難になってきている。その点では、私たちが過去の名もない人々に共感を寄せる手段は、これまで以上に限られてきている。それでも、藤木氏が遺した多くの文章のなかには、私たちが過去の「無数の無名の人々」の英知に迫るヒントが隠されている。さしあたり本書を手がかりに身近な歴史に目を向けて、「戦国の村」を探し歩くことから始めてみてはどうだろうか。きっと、まだ私たちの身のまわりには、逞しく生きた先人たちの足跡が残されているはずである。また、そこから、新時代に相応《ふさわ》しい、新しい地縁や相互扶助のあり方を構想する糸口も得られるのではないだろうか。

〔★補注1〕（五九頁）

日根荘についてのその後の研究は、『新修泉佐野市史　第五巻　史料編中世Ⅱ』（泉佐野市・二〇〇一年）参照。

〔★補注2〕（一六七頁）

著者が未詳とした「へんついの餅」は、竈《かまど》神《がみ》に供える鏡餅である「へっついの餅」であろう。

〔★補注3〕（一六八頁）

山科東荘についてのその後の研究は、志賀節子『中世荘園制社会の地域構造』（校倉書房・二〇一七年）参照。

〔★補注4〕（二二七頁）

著者が鎌倉公方御所の池に見立てた水田は、かつては小学校の田植え授業に使われていたものだが、二〇〇〇年ごろに耕作は停止され、二〇〇八年十二月に完全に住宅地となった。宅地造成時には土盛りがなされ、付近はかつてのように低地でもなくなっており、現在、往時を偲《しの》ぶのは難しくなっている。

〔★補注5〕（二三九頁）

『鎌倉年中行事』は、その後、最も良質な写本である喜《き》連川《つれがわ》本が発見され、そこには「当日、祇園会ノ船共、種々舞物有之」とあり、著者の推論が正しいことが証明されている（阿部能久『戦国期関東公方の研究』思文閣出版・二〇〇六年）。

〔★補注6〕（二五七頁）

著者の私蔵本該当部分には、銅造宝篋印舎利塔裏落書（鎌倉称名寺所蔵、『鎌倉遺文』一九二三二号）の「永仁四年十二月十一日、鎌倉大せウマウ《（大焼亡）》、大しやうくんタウ《（大将軍堂）》のハシ《（橋）》ノモトヨリイテキ《（出来）》テ、コマチ《（小町）》・ヲウマチ《（大町）》・ナコヱ《（名越）》ノ入、ミナヤケ《（焼）》テ、人四百人ハカリヤケシニ《（焼死）》ケリ」との記述が引用されている。ここから、永仁《えいにん》四年（一二九六）時点での小町・大町の存在と、その繁栄が推測できる。

※本書は、一九九七年に刊行された朝日選書『戦国の村を行く』に生前の著者の校正のほか、町村合併による地名変更などの修正を施し、解説を付したものです。
※本書には、現在では使われていない表現もありますが、作品の性質や時代背景を考慮し、親本の表記を尊重し、そのままとしているところもあります。

藤木久志 ふじき・ひさし
1933年、新潟県に生まれる。新潟大学卒業・東北大学大学院修了。文学博士。立教大学名誉教授。日本中世史専攻。主な著書に、『豊臣平和令と戦国社会』(東京大学出版会)、『戦国の作法』(講談社学術文庫)、『戦国史をみる目』(校倉書房)、『村と領主の戦国世界』(東京大学出版会)、『飢餓と戦争の戦国を行く』『新版　雑兵たちの戦場』『土一揆と城の戦国を行く』『戦う村の民俗を行く』『城と隠物の戦国誌』(以上、朝日選書)、『刀狩り』『中世民衆の世界』(以上、岩波新書)、『日本中世気象災害史年表稿』(高志書院)など。2019年、逝去。

清水克行 しみず・かつゆき
1971年、東京都生まれ。立教大学文学部卒業。早稲田大学大学院文学研究科単位取得退学。現在、明治大学商学部教授。専門は日本中世史。主著に『喧嘩両成敗の誕生』(講談社選書メチエ)、『戦国大名と分国法』(岩波新書)など。

朝日新書
816
戦国《せんごく》の村《むら》を行《ゆ》く

2021年５月30日第１刷発行

著　者　藤木久志
解説・校訂　清水克行

発行者　三宮博信
カバーデザイン　アンスガー・フォルマー　田嶋佳子
印刷所　凸版印刷株式会社
発行所　朝日新聞出版
〒104-8011　東京都中央区築地5-3-2
電話　03-5541-8832（編集）
　　　03-5540-7793（販売）

Published in Japan by Asahi Shimbun Publications Inc.
ISBN 978-4-02-295126-7
定価はカバーに表示してあります。

落丁・乱丁の場合は弊社業務部(電話03-5540-7800)へご連絡ください。
送料弊社負担にてお取り替えいたします。

朝日新書

京大式　へんな生き物の授業

神川龍馬

微生物の生存戦略は、かくもカオスだった！　光合成をやめて寄生虫になった者、細胞から武器を発射する者……。ヘンなやつら、ズルいやつらのオンパレードだ。京大の新進気鋭の研究者が、偶然の進化に満ちたミクロの世界へご案内。ノープランとムダが生物にとっていかに大切かを説く。

正義の政治経済学

水野和夫
古川元久

コロナ禍から1年。いまこそ資本主義、民主主義の新世紀が始まる。コロナバブルはどうなる？　定常社会の実現はどうなる？「正義がなければ、王国も盗賊団と変わらない」。アウグスティヌスの教訓と共に具体的なビジョンを掲げる経済学者と政治家の「脱・成長教」宣言！

あなたのウチの埋蔵金

リスクとストレスなく副収入を得る

荻原博子

家計の「埋蔵金」とは、転職や起業、しんどい副業、リスクの高い投資、つらい節約など「ストレスのかかること」を一切せずに、家計と生活の見直しで転がり込んでくるお金のこと。ノーリスクで毎月！　年金がわりに！　掘ってみませんか？　あなたの家計の10年安心を実現する一冊。